RUSSLAND
Huanghe
Hebei
Beijing
Shanxi
Baoding
NORDKOREA
GOLF VON BOHAI
Shijiazhuang
Yangquan
Ningxia
Shaanxi
Pingyao
SÜDKOREA
nzhou
Linfen
Pingliang
1000 km
00 km
GELBES MEER
Yuncheng
Gansu
Xi'an
JAPAN
OSTCHINESISCHES MEER
N
TAIWAN
500 km
VIETNAM
umstrittene Grenzverläufe
SÜDCHINESISCHES MEER

Christoph Rehage

CHINA ZU FUSS

THE LONGEST WAY

NATIONAL GEOGRAPHIC

1

2

3

4

5

6

7

8

1 *Ich werfe einen letzten Blick auf* meinen Wohnblock in Beijing.
2 *Straßenkehrerin* in den Ausfallstraßen von Beijing. Es ist der erste Tag meiner Reise.
3 *In einem Supermarkt* werden Melonen verschenkt. Ich bekomme gleich zwei und bin begeistert.
4 *Sitzgelegenheiten am Straßenrand:* Zwei Schnapsläden, davor zwei Stühle mit gemütlichen Decken. Der Winter kann kommen.
5 *Meine Freunde aus Beijing* kommen mich mit dem Auto besuchen, nachdem ich eine Woche lang gelaufen bin. Sie brauchen für die Strecke nur zwei Stunden.
6 *Überall dampft es* verheißungsvoll aus Kesseln und Töpfen.
7 *In einem Vorort von* Beijing prostet mir ein Mann im Vorbeigehen zu.
8 *Zhu Hui nimmt* mein Gepäck auf seinem Fahrrad mit. Es ist ein langer Tag mit vielen Kilometern.
9 *Mein erster Freund* auf diesem Weg: Zhu Hui.

9

10 *Zwei Schülerinnen* eines Kampfkunstinternats.
11 *Der Weißdorn* trägt die letzten Früchte des Herbstes.
12 *In den ersten Wochen* ist jede Schafherde für mich etwas Besonderes.
13 *Das Begräbnisgeld* der „Paradiesbank" wird bei Beerdigungen verbrannt.
14 *Die Stadt Yangquan* im Taihang-Gebirge.
15 *Rast mit 30 Kilogramm* Gepäck. Für meine Mittagspause habe ich Kekse und Wasser dabei, dazu eine Dose Wang Laoji, ein süßes Kräutergetränk, das es schon seit fast zwei Jahrhunderten gibt.
16 *Ob ich mitfahren will*, fragen diese vier jungen Männer. Ich lehne höflich ab, denn ich will ja zu Fuß gehen.
17 *Meister Yan* vor seinem Tempel. An der Wand die ineinander verschlungenen Symbole Yin und Yang.

10

11

12

13

14

15

16

17

18 *Opa Liu im Hof* seiner Wohnung in den Bergen von Shanxi.
19 *Feierabendverkehr* am späten Nachmittag im Kohlegebiet.
20 *Opa Lius Wohnung* im Inneren einer der traditionellen Wohnhöhlen von Shanxi. Sie sind tief in den Lössboden hineingegraben und bleiben im Winter warm und im Sommer kühl.
21 *Das Kind ist nicht* gerade begeistert darüber, dass seine Mutter so gern dieses Foto von uns wollte.
22 *Die ersten 1000 Kilometer* sind geschafft. Die Straße kümmert das nicht weiter, aber ich bin stolz.
23 *Zum Neujahrsfest* gibt es 10 000 Böller auf einer Rolle.

18

19

20

21

22

23

24

26

25

27

28

24 *Frühling* in den Bergen von Gansu.
25 *Ein Schuster* repariert das Innenfutter meiner Stiefel.
26 *Mittagspause,* Füße in die Sonne.
27 *Ich übernachte* in einem Bauernhaus. Die kleine Bande kommt zu Besuch bei mir vorbei.
28 *Am Hang des Liupan-Gebirges* von Gansu. Es ist April, und als ich morgens aufwache, schneit es ein bisschen.

29 *Ein warmer Nachmittag* in Lanzhou. Das Sonnenlicht spiegelt sich auf dem Handradio des Mannes.
30 *In dem Vorbezirk von Lanzhou* werden die Häuser abgerissen, doch der Kiosk hält sich noch eine Weile.
31 *Enge Gasse* in Lanzhou.

29

30

31

32

33

34

35

36

37

32 *Wüstenmahl:* Bohnen in Tomatensauce, dazu Brot.
33 *Xie Jianguang* und ich.
34 *Meister Wang* baut mir meinen Handkarren.
35 *Zhao Fu* hilft mir umsonst beim Reparieren. Er ist passionierter Wanderer.
36 *Die „Kabutze“.* Nach fast 3000 Kilometern mit 30 Kilogramm Gepäck komme ich endlich leichter voran.
37 *Kartenspieler* im Schatten einer Weide.
38 *Eine Malve* wächst mitten in der Gobi aus dem Geröll am Straßenrand.
39 *Der sitzende Buddha* von Shandan ist relativ neu.
40 *Mein Bruder Ruben* kommt nach Jiayuguan.

38

39

40

41 *Abendessen* im Hotelzimmer.
42 *So sieht es aus,* wenn wir Brüder uns ein Zimmer teilen.
43 *Hotelpage* in der Wüstenstadt Shanshan.
44 *Ich treffe Lehrer Xie* wieder, und wir schlagen unser Nachtlager auf.
45 *Uighurisches Abendessen* mit Brot in Milch.
46 *Mein Graffito* in der Wüste.
47 *Die kleine Moschee* steht in den Ausläufern des Tianshan-Gebirges.
48 *Unterwegs* mit Onkel Shen.
49 *Ich schreibe meinen Blog* vor Yus Reifenwerkstatt in der Gobi.

41

42

43

44

45

46

47

48

49

Für meine Väter

Inhalt

Herbst

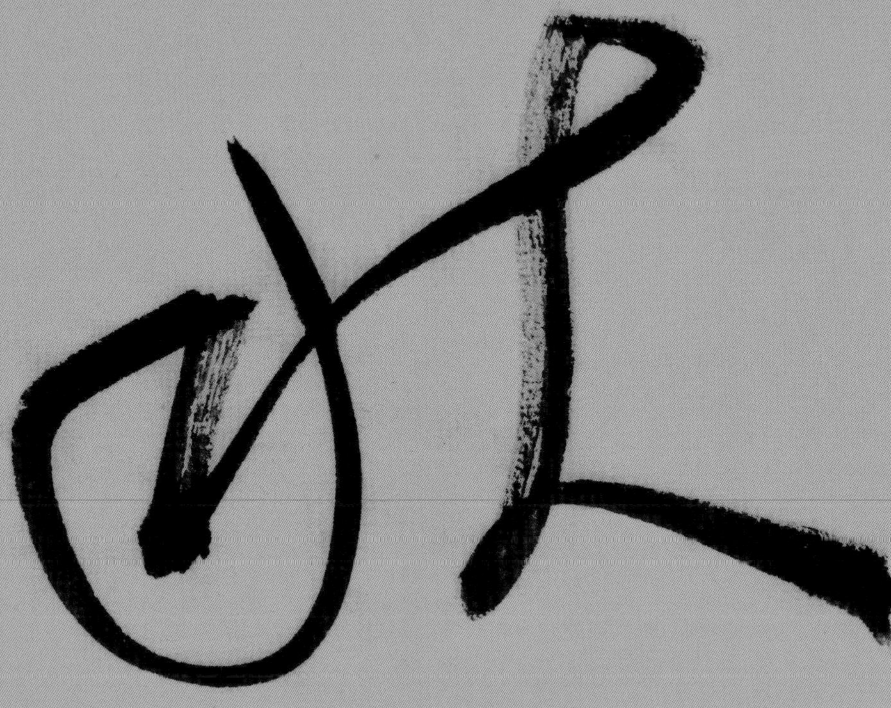

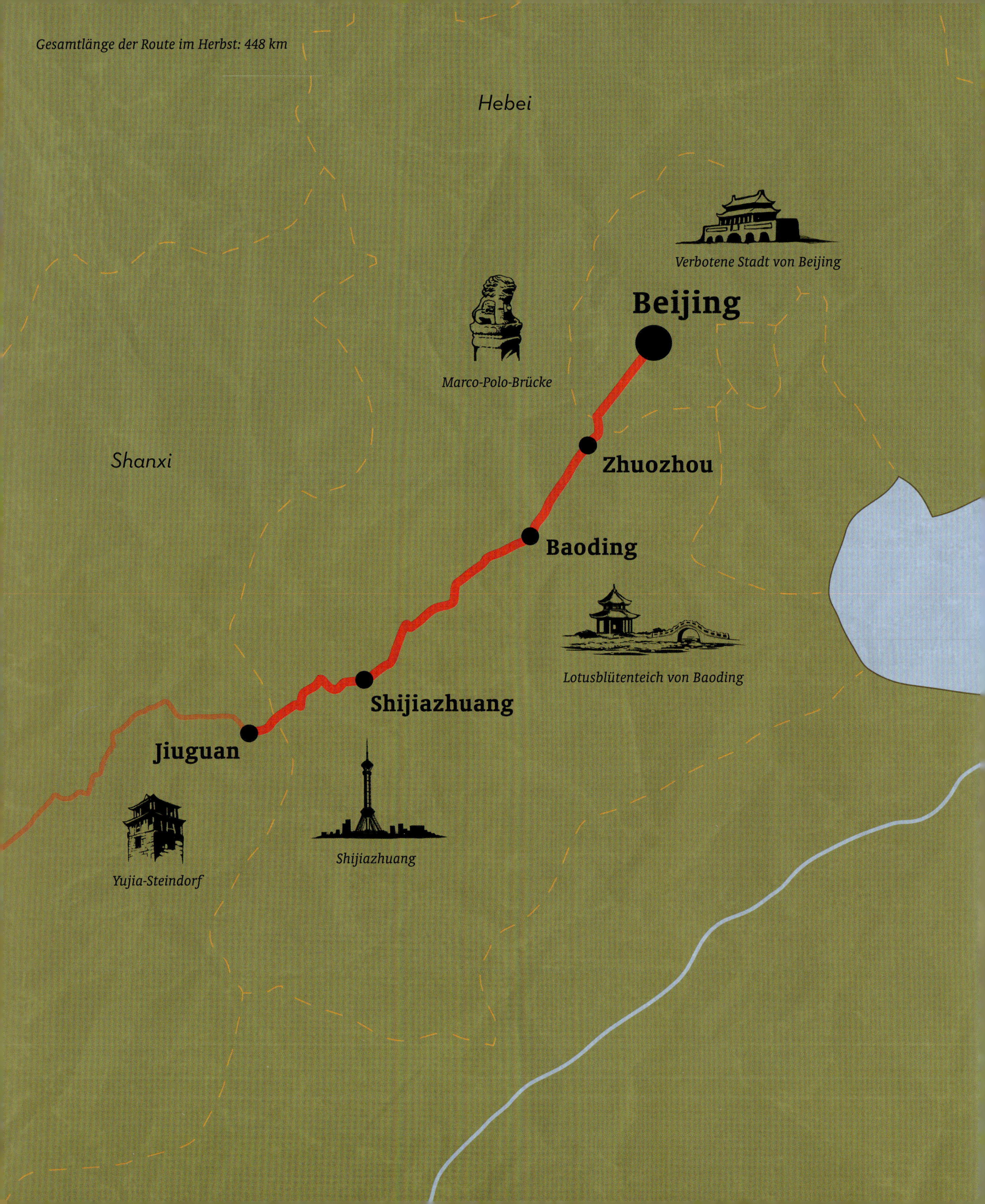
Gesamtlänge der Route im Herbst: 448 km
Hebei
Verbotene Stadt von Beijing
Beijing
Marco-Polo-Brücke
Shanxi
Zhuozhou
Baoding
Lotusblütenteich von Baoding
Shijiazhuang
Jiuguan
Yujia-Steindorf
Shijiazhuang

Der Flug der Schwalben

China ist kein Land, es ist eine Welt. Jeder, der eine Zeit lang hier lebt, findet für sich einen Teil davon, und wenn er darüber spricht, dann nennt er diesen Teil China. Als ob es so einfach wäre.

Der italienische Missionar Matteo Ricci kam schon im 16. Jahrhundert hierher. Es herrschten gerade die Kaiser der Ming, und er war einer der Ersten, der ihre Sprache lernte und blieb. In seinem Tagebuch notierte er nachdenklich, dass die Chinesen eine Reise dann als begonnen ansähen, wenn sie vier Schritte gemacht hätten.

Vier Schritte und vier Jahrhunderte später stehe ich vor meiner Haustür in Beijing und keuche unter dem Gewicht meines Rucksacks. Um mich herum brodelt die Stadt, ich will aus ihr hinaus. Eins, zwei, drei, vier. Das ist schneller getan als gedacht. Und plötzlich bin ich auf der Reise. Wie von selbst mache ich den fünften Schritt und den sechsten und versuche dabei nicht an die Millionen zu denken, die noch folgen sollen.

Es ist Spätherbst, der Himmel ist blau. Wenn ich an den November zu Hause denke, erscheint er mir in Form von Matsch und Laub, von Krähen und tiefem Grau. Meine Freundin Juli hat laut gelacht, als ich einmal versuchte, ihr das deutsche Wort „Herbstdepression" zu erklären. Sie kommt aus dem Süden Chinas, aus Sichuan, und obwohl sie bereits seit einem Jahr in München lebt, ist für sie diese Jahreszeit nur mit angenehmen Eindrücken verbunden. Auf den Märkten ihrer Heimat gibt es Obst und Gemüse im Überfluss, die Luft schmeckt sanft und frisch, und der Himmel entfaltet sich in seiner ganzen Weite.

Ich blicke mich um, und es stimmt: Der Herbst ist Chinas schönstes Kleid. Hier in Beijing gilt das sogar noch mehr als im Süden. Zwei Jahre habe ich in dieser Stadt gewohnt, habe im Winter gefroren, im Frühling Stürme ertragen und im Sommer geschwitzt. Vier Semester habe ich an der Filmakademie Chinesisch und Kameraführung studiert, jetzt ist es Zeit für etwas Neues. Heute werde ich 26, ich habe fast 30 Kilogramm Gepäck auf dem Rücken, und ich will fort. «Menschen sind wie Schwalben. Sobald der Herbst kommt, wollen sie fortfliegen, an einen fernen Ort», schrieb der Dichter Ma Jian, als er Anfang der 1980er-Jahre, zu Beginn der Öffnung, durch sein Land reiste.

Mein Zuhause liegt auf der anderen Seite der eurasischen Landmasse. Dorthin zieht es mich zurück. Doch Beijing erscheint mir plötzlich so schön wie nie zuvor. Vielleicht ist dies der perfekte Zeitpunkt, um die Stadt zu verlassen. Dem rechteckigen Muster der Straßen zu folgen, mit den Schuhen den Beton zu kneten, mich durch den Verkehr zu wühlen, das alles ist eigentlich nicht viel anders als sonst. Da ist die Computerstadt von Zhongguancun, dort der Fernsehturm. Die Menschen gehen ihren Besorgungen nach. Niemand kann genau sagen, wie viele eigentlich hier leben. Sind es doppelt so viele wie in Österreich? Mindestens. Das Seltsame ist, dass wir immer alle zugleich auf den Straßen unterwegs zu sein scheinen. Mitten im Gewusel komme ich an kleinen Inseln der Ruhe vorbei: an alten Männern, die Majiang und chinesisches Schach spielen, an Verkaufsständen, aus denen es verführerisch nach Essen duftet. Ich habe Lust mich hinzusetzen, doch heute muss ich weiter.

Auf den chinesischen Karten wird die Hauptstadt mit einem Stern dargestellt. Aber in den Augen der Provinzbewohner ist sie eher so etwas wie der Traum von einem riesigen Geschenkkorb. Man drängt hierher, um ein Stückchen von seinem Inhalt zu erhaschen. Bauern und Wanderarbeiter möchten ihren Familien ein bisschen Wohlstand nach Hause bringen, Geschäftsmänner wollen Kontakte knüpfen und Reichtum anhäufen, Studenten werden von ihren Familien hierhergeschickt, um Prüfungen zu bestehen und etwas aus sich zu machen. Alle zieht es nach Beijing. Oder nach Shanghai. Oder nach Guangzhou. Nur nicht zurück in die Provinz.

Doch genau dort möchte ich hin. Ich will Berge und Wüsten sehen, Schafe und Kamele. Will langen, gewundenen Straßen folgen. Vor Wolkenbrüchen davonlaufen, knirschenden Schnee unter meinen Schuhen spüren und mir den Schweiß von der Stirn wischen. Möchte fremde Speisen probieren, Fotos machen, Menschen kennenlernen. Ich kann einfach nicht mehr warten.

Der Fußweg bis zur Lugou-Brücke dauert den ganzen ersten Tag. Sie wird auch „Marco-Polo-Brücke" genannt, denn der Venezianer Marco Polo hat sie in seinen Reiseerinnerungen mitsamt ihren Löwenstatuen erstaunlich genau beschrieben. Das war vor mehr als 700 Jahren, als noch die Mongolen herrschten. Nach ihnen kam die chinesische Dynastie der Ming, dann die Mandschuren, schließlich Mao Zedong. Und alle hatten ihre Hauptstädte in der Nähe dieser Brücke. Die Chinesen sagen, Beijing stehe für das letzte Jahrtausend ihrer Geschichte.

Doch die Stadt hat niemals aufgehört, sich zu wandeln. Mittlerweile zeigt sie der Welt lieber ihr modernes Gesicht: Ringstraßen und Fahrzeuge, Hochhäuser und Werbeplakate. Ich bewege mich nach Süden, und langsam beginnt die Hauptstadt zu verschwinden. Risse erscheinen im Beton. Häuser werden kleiner. Dann, nachdem ich die Lugou-Brücke überschritten habe, an meinem zweiten Tag, liegt Beijing endlich, endlich in meinem Rücken. Vor mir erstreckt sich die nordchinesische Ebene.

Am Anfang weiche ich noch vor den Menschen zurück. Ich will mich nicht aufdrängen und bin immer etwas besorgt. Die Kameras, der Laptop, das GPS, nichts soll verloren gehen. Ich bin das Leben in der Großstadt gewöhnt und die touristischen Gegenden, nicht das langsame Gehen im Land. Am dritten Tag lerne ich Zhu Hui kennen, einen Taekwondotrainer aus Nordwestchina, der mit dem Fahrrad unterwegs ist. Er begleitet mich ein paar Tage lang, wir lachen viel zusammen, und er bringt mir bei, dass es hier draußen ganz anders ist als in der Stadt. Die Menschen sind sehr gastfreundlich und aufgeschlossen, sie helfen, wo sie können, ich brauche mir keine Sorgen zu machen. Trotzdem ist es am Anfang nicht leicht.

Eine Schicht Staub liegt auf meinem Gesicht. Ich inhaliere Abgase und ärgere mich über die Blasen an meinen Füßen. Manchmal frage ich mich insgeheim, ob ich nicht vielleicht doch ein Idiot bin. Zwei Wochen, ja. Zwei Monate, meinetwegen. Aber zwei Jahre! So lange wird es aller Voraussicht nach dauern, bis ich die ganze Strecke nach Hause, nach Bad Nenndorf, zu Fuß zurückgelegt habe. So ist mein Plan. Ich empfange eine SMS: *«U r crazy come back to beijing we drink together god bless u»* und denke länger darüber nach. Auf dem Land stehen Tempel neben Fabriken und Feldern. Ich teile mir die Landstraße mit Lastwagen und Autos, Fahrrädern und Eselkarren, komme durch Dörfer und Kleinstädte. Es dauert vier Tage, bis ich die Provinz Hebei erreiche. Zhu Hui begleitet mich über den schlimmsten Fußschmerz und die Provinzgrenze hinweg. Dann verabschieden wir uns. Er ist mein erster Freund auf dieser Reise, und ich bin sehr froh, dass ich ihn habe.

Hebei bedeutet „nördlich des Flusses". Damit ist der Gelbe Fluss gemeint, der Huanghe – neben dem Changjiang, dem Langen Strom, die zweite große Schlagader Chinas. Auf der Karte liegt er noch mehr als 1000 Kilometer in südwestlicher Richtung von mir entfernt. Es will mir unvorstellbar erscheinen, dass ich ihn tatsächlich eines Tages zu Fuß erreichen soll.

Busse rumpeln vorbei. Alte Leute winken mir von ihren Hauseingängen aus zu. Ich sehe Kinder, immer wieder Kinder, die aufmerksamsten Beobachter der Straße. Ihre Eltern packen sie umso dicker ein, je kälter es wird, bis sie irgendwann aussehen wie kleine bunte Michelinmännchen. Die meisten freuen sich, wenn sie mich sehen, manche sind scheu, aber immer sprüht Neugier aus ihren Augen.

Das Problem mit den Karten ist: je größer ihr Maßstab, desto winziger wirken die Abschnitte, die ich mir mit so viel Mühe erlaufen habe. Ich wage nicht, über den Teil der Route nachzudenken, der mich durch die Wüste Gobi führen wird. Die Vorstellung von menschenleeren Landschaften macht mir Angst, und meine Füße sehen schon jetzt fürchterlich aus.

Der Herbst in Hebei ist regenfrei. Ich nehme meine Mahlzeiten in kleinen Gaststätten am Wegesrand zu mir, bestelle Nudeln oder Reis und immer wieder sautierte Auberginen. Meistens esse ich rohe Knoblauchzehen dazu, so wie es die anderen Gäste auch tun. Knoblauch soll dem Magen helfen, besser mit Speisen zurechtzukommen, die vielleicht nicht ganz sauber sind.

Eigentlich ist Beijing auch nach Wochen noch nicht so richtig fern. Wenn ich in einem ungeheizten Hotelzimmer sitze und mit klammen Fingern meinen Blog schreibe, denke ich oft an die Stadt zurück, besonders an meinen Nachbarn Xiaohei und an unsere gemeinsamen Abendessen im warmen Feuertopfrestaurant. Der Blog ist meine Verbindung zu meinen Freunden in Beijing und nach Hause zu Juli. Trotzdem weiß ich, es gibt nur eine Richtung für mich: weiter die Straße entlang.

Die Sprache der Menschen ändert sich. In Beijing kringeln sie die Zunge und verschlucken Teile der Wörter, sie blicken auf jeden geringschätzig herab, der es ihnen nicht gleichzutun vermag. Hier, in den Dörfern Hebeis, scheint es eher um die Tonhöhen zu gehen. Die Wörter hören sich oft von einem Ort zum nächsten unterschiedlich an, und die Leute lachen gutmütig, wenn wir einander einmal nicht verstehen. Es kommt mir vor, als ob wir gemeinsam gegen das Fallen der Temperaturen anlächeln.

Und manchmal fallen sie wie kalte Nebel. Dann ziehe ich alle meine Kleidungsstücke an, und trotzdem ist mir noch kalt. Dann wieder bricht die Herbstsonne durch und taucht alles in ihren goldenen Schein. Ich kann die Jacke öffnen und die Mütze abnehmen. Doch der Ablauf der Jahreszeiten ist unumkehrbar, die Tage werden immer kürzer.

Als ich das erste Mal eine dünne Eisschicht auf einer Wasserfläche erblicke, erschrecke ich. Aber es ist noch nicht der Winter selbst. Es sind nur seine tastenden Finger. Ich mache alles weiter wie gehabt. Der Rucksack wird jedes Mal auf die gleiche Weise gepackt, damit der Schwerpunkt richtig liegt und ich nichts vergesse. Die Schuhe drücken. Ich ziehe sie morgens als Letztes an, und abends, wenn ich irgendwo angekommen bin, als Erstes wieder aus. Dann atme ich erleichtert auf.

Ich bin froh, als ich die Industriestadt Shijiazhuang erreiche. Sie ist ein gigantischer Rußtopf, aber für mich bedeutet sie ein paar Tage Ausruhen und saubere Bettwäsche im Hotel. Ich öffne ein Türchen in meinem Adventskalender, den Juli mir mitgegeben hat, dann wende ich mich nach Westen und erblicke zum ersten Mal die Berge.

Es ist das Taihang-Gebirge, das die nordchinesische Ebene begrenzt und diesen Teil des Landes von Norden nach Süden durchteilt. Zuerst ist es nur ein Schatten am Horizont, dann steigt die Straße an und beginnt sich in immer engeren Kurven zu winden. Schließlich laufe ich in steilen Serpentinen bergauf. Es ist anstrengend, und die Luft ist angefüllt mit dem Staub der Kohleminen. Einmal verlasse ich die Straße, um frei zu atmen, doch ich verlaufe mich und muss wieder auf sie zurückkehren. Es ist Anfang Dezember, als ich meine zweite Provinzgrenze erreiche. Shanxi heißt „westlich der Berge", doch noch bin ich mittendrin in den Bergen und frage mich, wie der Winter wohl werden wird.

zum Herbst im Blog
thelongestway.com

GOLF VON BOHAI
GELBES MEER

w.95559.com.cn
驷骑
嘉苑青年旅馆
大西洋公司
知春路
ZHICHUN LU
东

北京 / Beijing
39°58'28" N 116°18'43" E

◀ *Im Hintergrund* stehen die Hochhäuser von Zhongguancun, das in den Medien oft als das „Silicon Valley von China“ bezeichnet wird. Die wichtigsten Universitäten und Technologiefirmen des Landes sind hier angesiedelt, und es heißt, dass eine Zeit lang alle zwei Tage ein neues Unternehmen dazugekommen ist. Ich stapfe mit meinem riesigen Gepäck durch die hektischen Straßen und fühle mich ein bisschen albern.

北京 / Beijing

39°57'56" N 116°18'3" E

▾ *Es ist längst nicht* mehr erkennbar, welcher der Zettel hier zuerst hing. Auf allen stehen Angebote und Gesuche für Arbeit und Wohnen. Wahrscheinlich werden sie irgendwann entfernt, wie auf der Wand daneben bereits geschehen. In den Fenstern spiegelt sich ein amerikanisches Fast-Food-Restaurant. Ich habe Lust auf Hamburger, doch der Weg ruft.

北京 / Beijing
39°56'7" N 116°18'13" E

▼ *Tanghulu sind eine* typisch nordchinesische Süßigkeit: kandiertes Obst, das aufgereiht auf einem Stück Bambus verkauft wird. Meistens werden die roten Früchte des chinesischen Weißdorns verwendet, aber es gibt auch *tanghulu* mit Bananen oder Mandarinen. Raffiniert sind die Preiserhöhungen. Um Diskussionen mit den Kunden zu vermeiden, lassen die Verkäufer die Preise meistens unangetastet, verkleinern dafür aber das Produkt.

北京 / **Beijing**
39°53'53" N 116°16'39" E

◂ *Zwei Jahre in* dieser Stadt, und nie habe ich ein Bild von ihren Straßenfriseuren gemacht. Vielleicht war es mir zu kitschig. Während ich auf den Auslöser drücke, wird mir plötzlich bewusst, was der Vorteil auf der Straße ist. Man muss die Haare hinterher nicht zusammenfegen.

涿州 / **Zhuozhou**
39°33'41" N 115°59'29" E

▴ *Die gedämpften* Teigtaschen heißen *baozi* und werden stückweise verkauft. Sie sind meistens mit einer Mischung aus Fleisch und Gemüse gefüllt, und ich nehme immer gern ein paar für unterwegs mit.

卢沟桥 / Lugouqiao
39°50'57" N 116°12'48" E

◀◀ *Die Lugou-Brücke* im Südwesten von Beijing wird auch „Marco-Polo-Brücke“ genannt. Sie steht seit mehr als 800 Jahren hier. In den letzten Jahrzehnten wurde die Brücke renoviert, dabei gerieten die Bodenplatten durcheinander. Man sieht, wo die Spurrillen nicht mehr zueinanderpassen. Manche Leute sagen, der venezianische Kaufmann sei eigentlich nie hier gewesen. Mir ist das egal. Ich bin hier.

高碑店 / Gaobeidian
39°18'37" N 115°50'24" E

▼ *Leere Farbeimer,* bergeweise, ein Feuer brennt. Ich bleibe eine Weile stehen, dann erklärt mir der junge Mann, was er macht: Ofenrohre. Er stanzt ein Loch in die leeren Eimer und verkauft sie weiter.

长辛店 / **Changxindian**

39°49'38" N 116°12'8" E

▲ *Ein Vorort von Beijing*, es ist fast Mittag. Ich folge einer Straße, die 1000 Jahre lang der südwestliche Weg in die Stadt war. Es ist weder warm noch kalt. Die Leute gehen ihren Beschäftigungen nach, es duftet nach Essen. Ich wünschte, alle Straßen könnten so sein.

涿州 / **Zhuozhou**
39°30'7" N 115°57'51" E

▸ *Die alte Dame* genießt die letzten Strahlen der Herbstsonne in einer Seitengasse. Sie bemerkt mich nicht. Auch ich bin für diesen Teil meiner Reise in Schwarz gekleidet, es nimmt die Wärme besser auf.

琉璃河 / Liulihe

39°36'8" N 116°1'23" E

◂ *Ich habe gerade vor,* das Plakat mit den lachenden Ausländern am Strand zu fotografieren, als der Mann ins Bild läuft. Er trägt einen Mundschutz, weil die Luft nicht sehr gut ist. Es ist kalt. Die Strandleute erscheinen mir plötzlich wie Außerirdische.

涿州 / **Zhuozhou**

39°29'37" N 115°57'54" E

◂ *Der Mann mit* dem Hut deutet den Menschen das Schicksal. Sein Amulett spendet Schutz gegen die *taisui*, die Himmelsgeneräle. Als er versucht, mir ihre Bedeutung zu erklären, gebe ich schnell auf, denn es ist zu kompliziert. Er lacht.

涿州 / **Zhuozhou**

39°26'44" N 115°57'15" E

▴ *Die Kinder der* Kampfkunstschule sind etwa zwischen sechs und 16 Jahre alt. Sie leben im Wohnheim, direkt neben dem Übungsplatz. Jeder Wochentag ist von morgens bis abends streng durchgeplant. Es gibt unzählige solcher Schulen im ganzen Land.

保定 / **Baoding**
38°51'60" N 115°31'21 E

◂ ▾ *Er liebe den Wind*, sagt der Mann und lächelt, dann konzentriert er sich wieder auf seinen Drachen. Er hat ihn selbst gebaut an stillen Tagen: aus Papier und Bambus, mit mehr als 30 Abschnitten. Die Kunst des Drachensteigenlassens ist in China mehr als 2000 Jahre alt.

九汲 / Jiuji
39°10'32" N 115°44'14" E

▲ *Säckeweise werden* die kahlen Kolben auf Lastwagen geladen. Die Bauern sagen, sie seien für uns Ausländer. Aber wer will schon Maiskolben ohne Mais? Es dauert ein bisschen, bis ich ihre Erklärung verstehe. Die Kolben werden verschifft und zu Kraftstoff verarbeitet.

望都 / Wangdu
38°38'59" N 115°4'14" E

▸ *Ich überrasche* den Kleinen beim Trinken. Er beobachtet mich reglos. Ob er in die Schule gehe, frage ich, und er nickt. Schule oder Kindergarten? Keine Reaktion. Ich störe ihn lieber nicht weiter.

望都 / Wangdu

38°41'37" N 115°8'58" E

▼ 今日不爱路，明日路难行 – «Wenn wir heute die Straße nicht lieben, dann wird sie morgen schwierig zu befahren sein.» Diese Worte sollten dort eigentlich stehen, als Mahnung an die Verkehrsteilnehmer. Doch mehr als die Hälfte der Zeichen fehlt. Übrig bleibt nur eine Zeile, die nachdenklich macht: «Heute nicht lieben.»

望都 / Wangdu

38°40'33" N 115°6'52" E

▾ *Die Einkaufstüte ist prall* gefüllt. Die Großmutter ist mit ihrem Enkelkind auf dem Rückweg vom Markt, die Eltern sind bei der Arbeit. Es ist Ende November, und über dem Land liegt ein Duft von Holz und brennender Kohle.

无极 / **Wuji**
38°5'32" N 114°57'4" E

◂◂ *Einmal lerne ich* jemanden kennen, der eine Lederfabrik hat. Er führt mich zwischen lauten Maschinen herum, ein scharfer Geruch liegt in der Luft. Ich denke an Manufakturen der vorindustriellen Zeit. Ist ein Foto okay? Der Chef nickt. Ich bin begeistert.

新乐 / **Xinle**
38°22'45" N 114°42'6" E

▾ *Der Mann sitzt* mit einer Selbstgedrehten vor seinem Haus und genießt die Sonne. Ich setze mich dazu. Der Winter naht, und Wärme ist kostbar.

正定 / **Zhengding**

38°8'38" N 114°34'35" E

▲ *Das buddhistische Kloster* von Longxing geht zurück auf das 6. Jahrhundert. Wie viele andere alte Gebäude in China ist es aus Holz erbaut und wurde schon oft zerstört. Die Mönche sitzen unter einem Spruch aus der buddhistischen Herz-Sutra: «Alles Sichtbare ist immer nur Schein.»

正定 / **Zhengding**

38°8'24" N 114°33'54" E

▾ *Auf dem Gelände* des Kaiyuan-Tempels von Zhengding sind nicht viele Besucher unterwegs – also der perfekte Tag, um mit dem Vogel zu trainieren. Der Falke sei nicht teuer gewesen, nur 1000 Yuan, erzählt mir der Mann und strahlt.

正定 / Zhengding
38°8'23" N 114°33'55" E

▾ *Der rote Glockenturm* des Kaiyuan-Tempels ist eine echte Seltenheit. Seine untere Hälfte ist eine Holzkonstruktion, die weit mehr als 1000 Jahre überstanden hat. Die Löwenstatuen waren nicht immer hier. Sie wurden aus dem ganzen Stadtgebiet herbeigeschafft, um auf dem Tempelgelände sicher verwahrt zu werden.

头泉 / Touquan
38°2'32" N 114°14'54" E

◂◂ *Nicht zu sehen,* aber deutlich zu hören: Auf einer Landstraße wird mit Böllern geknallt. Sie kündigen einen Beerdigungszug an, der sich aus der Ferne nähert. Die Bauern stehen an der Straße und gucken. Nur das Kind in Pink findet mich interessanter.

天长 / Tianchang
38°0'41" N 114°3'5" E

▾ *Das Taihang-Gebirge* ist vor allem für seinen Tagebau bekannt. Oft ist die ganze Straße schwarz, und ich bereue es, mir keinen Mundschutz gekauft zu haben. Die Kumpel lachen, als sie mich sehen.

旧关 / Jiuguan

37°56'15" N 113°55'58" E

▾ *An der Grenze* zu Shanxi, zwischen den Provinzen, findet man weder ein Schild noch einen Hinweis. Hier gibt es nur einen Haufen Kohle und ein paar alte Männer mit Schaufeln.

石家庄 / **Shijiazhuang**

38°2'31" N 114°28'56" E

▸ *Die Industriestadt* Shijiazhuang versucht, im Gewerbegebiet mit hohen Häusern und blinkenden Lichtern zu betören. Bei mir schafft sie das auch. Ich habe für ein paar Tage genug von der staubigen Landstraße. Mein Hotel ist das zweithöchste der Stadt und purer Luxus für mich.

汇文大酒店
中振广
Grand Mercure Hotel
新冶至尊国际俱乐部

2313

于家石头村 / **Yujia-Steindorf**
37°56'27" N 114°1'45" E

◂ *Ein Umweg in die* Berge führt ins alte Steindorf von Yu. Es wirkt, als habe es 100 Jahre geschlafen. Bei den meisten Häusern ist gegenüber dem Eingang eine kleine Nische in die Wand eingelassen, die das Bild des Tudigong, des Erdgottes, enthält. Er soll gute Ernten bescheren und die Häuser vor Geistern schützen.

于家石头村 / **Yujia-Steindorf**
37°55'57" N 113°58'47" E

▾ *Um nicht wieder* auf die verrußte Landstraße zurückzumüssen, laufe ich durch die Berge. Oder vielmehr: Ich verlaufe mich in den Bergen. Die Dörfer sind still. Ab und zu bellt ein Hund. Ich suche doch lieber wieder nach der Landstraße.

文源閣

Winter

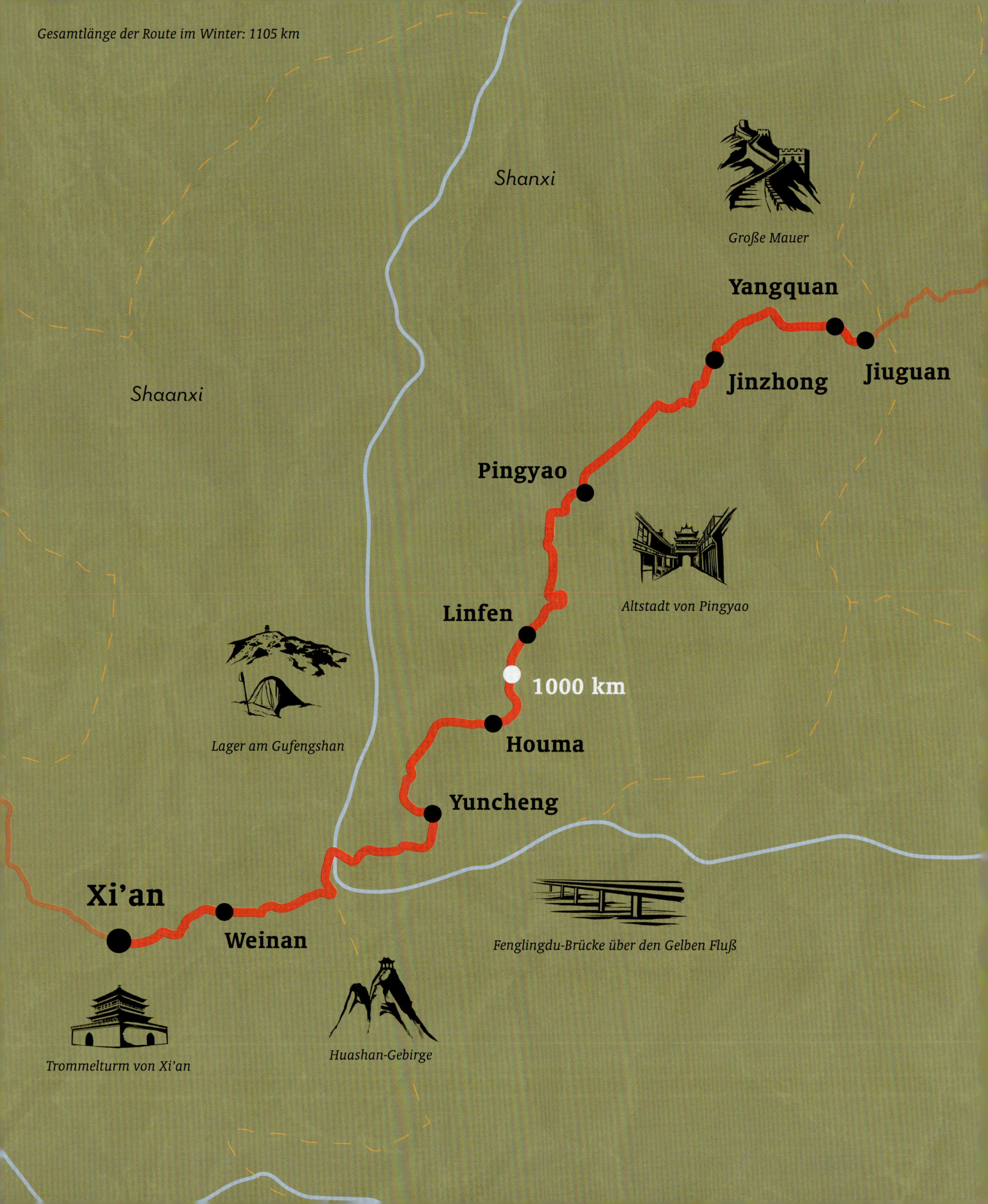
Gesamtlänge der Route im Winter: 1105 km
Shanxi
Shaanxi
Große Mauer
Yangquan
Jinzhong
Jiuguan
Pingyao
Altstadt von Pingyao
Linfen
1000 km
Houma
Lager am Gufengshan
Yuncheng
Xi'an
Weinan
Fenglingdu-Brücke über den Gelben Fluß
Trommelturm von Xi'an
Huashan-Gebirge

Tage wie Schneekristalle

Der Winter kündigt sich nicht an. Ich lege mich in einem Bauernhaus schlafen, und als ich am nächsten Morgen aus dem Fenster blicke, ist er da. Wie Blütenstaub hat er seinen Schnee über das Land gelegt, über die Straße, die Kohlehaufen und die Schwärze der geschundenen Berge. Ich packe meine Sachen, winke meinen Gastgebern Lebewohl und gleite auf seiner weißen Oberfläche entlang. Die Straße gehört mir fast allein, denn die Fahrzeuge haben sich auf die Autobahn zurückgezogen und schieben sich dort in langsamen Kolonnen hintereinander her. Ich sehe ihnen zu, und mein Vorhaben, jeden Schritt zu gehen und nie zu fahren, kommt mir plötzlich nicht mehr so albern vor.

Ich bin froh, dass ich zu Fuß hier bin.

Und dann, fast ebenso plötzlich wie der Winter, ist die Große Mauer da. Sie reckt sich über Guguan hinweg, einen der wichtigsten Pässe der Ming-Zeit, und obwohl ich sie früher schon an anderen Stellen besucht habe, ist sie auch jetzt wieder überwältigend. Für einen Moment will es mir erscheinen, als ob sie schon ewig hier gewesen sei, vor den Menschen und vor den Bäumen, als ob sie sich gleichsam mit den Bergen aus der Landschaft gehoben habe.

Doch es ist nur ein Trugbild. Sie ist an dieser Stelle viel zu makellos, um ein halbes Jahrtausend alt zu sein. Guguan ist ein touristisch erschlossener Abschnitt, und wie viele andere wurde er in den letzten Jahrzehnten so umfassend restauriert, dass er wohl nur noch die Vorstellung von dem zeigt, was hier einmal war.

Ich bin im «Land der Tempel» – so hat Ferdinand von Richthofen die Provinz Shanxi einmal genannt. 1871 zog der deutsche Geologe mit einer Forschungsexpedition hier entlang, und während ich seinem Weg auf den alten Handelsstraßen folge, wird mir bewusst, dass er recht gehabt hat. Auch heute noch, nach all den Zerstörungen, ist Shanxi das Land der Tempel. Ich kann es in den Dörfern und in den Gesichtern der Menschen sehen, wenn sie mir ihre Schreine zeigen, die großen und die kleinen, die alten und die neu errichteten, die buddhistischen, die daoistischen und diejenigen, bei denen niemand mehr genau sagen kann, zu welcher Religion sie gehören. Die meisten Menschen würden zwar nicht zugeben, dass sie einen Glauben haben, aber ihre Traditionen sind ihnen wichtig, und sie sind stolz darauf, aus Shanxi zu sein.

Es ist stiller hier als auf der anderen Seite des Taihang-Gebirges. Vielleicht liegt es daran, dass die Wege zwischen den Dörfern weiter sind, oder es ist die Jahreszeit. *Maodong* sagen die Bauern des Nordostens, «sich im Winter wie eine Katze verstecken». Sie meinen das Zuhausebleiben, wenn es kalt ist und es auf den Feldern nichts mehr zu tun gibt, wenn monatelang Kohl auf den Tisch kommt und alle auf das Neujahrsfest warten.

Dann sitzen die Familien auf dem *kang*, dem beheizbaren Bett aus Stein, und erledigen Hausarbeiten. Draußen hört man das Eis knistern und lässt sich vom Duft der Kohleöfen benebeln. Doch auch dies ändert sich rasch, denn der Fortschritt hat nicht nur Gewächshäuser und Wohlstand gebracht, sondern auch einen gewaltigen Hunger nach Energie. Aus Shanxi, dem Land der Tempel, ist an vielen Orten bereits Shanxi, das Land der Kohlegruben, geworden. Immer wieder komme ich durch rußverschmierte Dörfer, in denen man merkt, dass sich die Leute im Winter nicht untätig zu Hause zusammenrollen, sondern dass sie hart arbeiten, damit ihre Familien nicht erst auf die Festtage warten müssen, um sich einmal richtig den Bauch vollzuschlagen.

Während der Winter sich über das Land senkt, nähere ich mich der historischen Handelsstadt Pingyao. Sie liegt in der Zentralebene von Shanxi und ist weltberühmt für ihre Altertümer. Wenn man ihre Stadtmauern durchschreitet, dann ist das wie ein „Sesam, öffne dich“. Man verlässt die Dörfer und betritt eine Schatzkammer, in der Gebäude und Möbel aus den letzten beiden Dynastien bewahrt wurden, die anderswo längst verloren gegangen sind. Doch das ist nicht der Grund, warum es mich hierherzieht. Ich will zu Juli. Sie hat versprochen, nach Pingyao zu kommen, um die Weihnachtstage mit mir zu verbringen.

Heiligabend in der Stadt fühlt sich an wie ein Aufenthalt in einem dekorierten Supermarkt. Es gibt Plastikschmuck, Endlosschleifen von „Rudolph the red-nosed reindeer“, rote Bommelmützen, bunte Sticker. Für die Menschen, die Zentralheizungen haben und das Wort *maodong* nicht kennen, ist es ein lustiges Fest aus dem Westen, eine Gelegenheit, um ausgelassen zu sein. Doch für mich ist es etwas anderes. Ich bin froh, dass Juli bei mir ist, und genieße es, in meinem warmen Hotelzimmer zu sitzen und vom Fenster aus die blaue Welt zu betrachten. Die Kälte wirkt plötzlich sehr weit entfernt. Juli lädt mich zum Essen ein, es gibt Steak. Ich esse mit Messer und Gabel, zum ersten Mal seit langer Zeit.

Sie lacht über meinen Bart und meine Haare. Seit meiner Abreise habe ich sie einfach wachsen lassen. Es war mein Nachbar Xiaohei in Beijing, der mich auf diese Idee gebracht hat: Wenn ich schon ginge wie A Gan, dann sollte ich auch so aussehen wie A Gan, sagte er, und es dauerte einen Moment, bis ich ihn verstand. A Gan, das ist der chinesische Name von Forrest Gump.

Drei Tage schmelzen dahin wie die zartesten Schneeflöckchen. Juli fährt mir noch einmal lächelnd durch die Haare, bevor sie geht, dann umfängt mich wieder der Winter.

Als ich Pingyao in Richtung Süden verlasse, hat die Jahreszeit ihr samtenes Schneekleid abgeworfen und besteht nur noch aus Kälte und Eis. Ich laufe schräg gegen den Wind gelehnt, den Kopf gebeugt und es ist so kalt, dass ich vor dem Essen jedes Mal warten muss, bis ich die Stäbchen wieder zwischen den steif gefrorenen Fingern halten kann. Meistens gibt es Nudeln.

Eines Morgens wache ich auf, und das neue Jahr hat begonnen. Ich bin in einem kleinen Zimmer. Am Abend zuvor habe ich meine Socken gewaschen und in die Stille der Nacht gelauscht. Hier auf dem Land interessiert sich niemand für den Jahreswechsel, denn die Herzen sind bereits ganz auf die Vorbereitungen für das chinesische Neujahrsfest ausgerichtet. Verwandte müssen nach Hause geholt und Speisen vorbereitet werden, Dekorationen und Feuerwerkskörper müssen her. Die Menschen freuen sich auf eine Woche des Essens, des Trinkens und der Geselligkeit in einem rundherum rot geschmückten Land. Und ich freue mich auch.

Ich laufe nach Süden und Westen in einer gewundenen Linie auf den Gelben Fluss, den Huanghe, zu, und fühle mich am besten, wenn ich 20 bis 25 Kilometer am Tag schaffe. Alles darüber ist sehr anstrengend. Kohledörfer wechseln sich mit Feldern ab, Straßen mit einsamen Bergpfaden. Dann ist plötzlich der Schnee wieder da, und diesmal kommt er nicht zaghaft und zärtlich, sondern wie eine Lawine über das Land. Sogar die europäischen Zeitungen berichten über das Schneechaos im Süden Chinas, doch hier im Norden sind die Menschen den Winter gewöhnt und machen sich nicht viel daraus. Ich schnalle meine Gamaschen an die Waden und bemühe mich, nicht auszurutschen. Es dauert 100 Kilometer, bis es das erste Mal passiert, und ich rutsche herum wie ein gekenterter Pinguin, an das Eis gepresst von 30 Kilogramm Gepäck.

Nach 1000 Kilometern tanze ich.

Manchmal zieht es mich von der Straße weg. Ich sehe einen einsamen Berg und steige hinauf. Er liegt still da, seine Felstrümmer unter dickem Schnee begraben, und es dauert lange, bis ich meinen Weg zurück ins Tal finde. Als ich es endlich nach unten geschafft habe, bricht die Abenddämmerung über mich herein, und ich stelle fest, dass ich draußen schlafen muss. Außenzelt, Innenzelt, Heringe, es ist das erste Mal. Ich war nie ein großer Camper, bisher habe ich zum Glück noch immer irgendwo eine Unterkunft gefunden. Eingemummelt in meine beiden Schlafsäcke warte ich auf die Nacht. Als sie schließlich mit ihrer heiseren Kälte kommt, winde ich mich wie ein Wurm und warte zitternd auf den Morgen. Irgendwann wird es wieder hell, und ich bin nicht erfroren. Aber ich habe trotzdem den Entschluss gefasst, mit dem nächsten Zelten mindestens bis zum Frühling zu warten.

Zum chinesischen Neujahrsfest bin ich bei Freunden zu Gast. Es ist der Abend des sechsten Februars, der Übergang vom Jahr des Schweins zu dem der Ratte, und es herrscht eine Festtagsstimmung, die mich an Weihnachten zu Hause erinnert. Wir formen Teigtäschchen, gucken die Neujahrsgala im Fernsehen und um Mitternacht laufen wir nach draußen, um die Feuerwerke zu sehen. Sie sind grandios: Mit tausendfachem Donner wird der Himmel über der Stadt zerrissen, es wirkt, als wären wir in die Kulisse eines Kriegsfilms geraten.

Am nächsten Morgen ist alles vorbei, gemächliche Ruhe legt sich über das Land, eine ganze Woche lang. Die Menschen wollen bei ihren Familien sein, Karten oder Majiang spielen, sich miteinander unterhalten und vor allem gut essen. Früher fand das alles zu Hause statt, es wäre nicht einfach gewesen, während der Feiertage ein geöffnetes Restaurant zu finden. Doch heute gehen immer mehr Familien auswärts essen, weil das praktischer ist und auch nicht sehr teuer.

Während der sieben Tage, die ich in Yuncheng verbringe, werde ich jeden Abend auf irgendein Bankett mitgenommen. Ich esse so viel Huhn in scharfer Erdnusssauce, so viel Fisch auf Sichuan-Art, so viele Garnelen und so viel sautierten Tofu, dass mir vor dem Schlafen fast jedes Mal der Bauch wehtut. China hat mit seiner Kochkunst bereits viele verzaubert. Schon im 14. Jahrhundert schrieb der Franziskanermönch und Orientreisende Odorich von Pordenone: «In der Tat gehört dieses Land zu den besten der Welt, und zwar im Hinblick auf das, was der menschliche Körper gebrauchen kann.»

Es ist das Glück der Reisenden.

Ich erreiche den Gelben Fluss bei der Fenglingdu-Brücke. Es ist neblig, und ich kann das andere Ufer nicht sehen, doch ich weiß, dort drüben liegt die Provinz Shaanxi mit der alten Kaiserstadt Xi'an. Der Fluss ist ockerfarben von dem Lössboden, den er mitnimmt und durch die zentralchinesische Ebene spült. Dabei ist er Fluch und Segen zugleich, denn er ernährt zwar das Land, aber im Lauf der Geschichte hat er auch schon oft versucht, es in seinen Fluten zu ertränken.

Doch diese Tage scheinen vorbei zu sein. Ruhig schiebt sich der Strom unter mir entlang und scheint dabei nicht zu wissen, dass seine Kraft längst gebannt ist. Er wird mittlerweile so stark von Industrie und Landwirtschaft abgeschöpft, dass sein Wasser an vielen Tagen des Jahres nicht einmal mehr das Meer erreicht. Aus dem einst so mächtigen Gelben Fluss ist heute eines von Chinas Sorgenkindern geworden.

Als ich auf der anderen Seite der Brücke angekommen bin, habe ich zum ersten Mal auf meiner Reise das Gefühl, wirklich etwas geschafft zu haben. Für Li Bai, den vielleicht berühmtesten Dichter der Tang-Zeit, der schon zu Lebzeiten als „dichtender Unsterblicher" verehrt wurde, war die Reise durch diese Gegend symbolhaft für die Widrigkeiten des Lebens. «Ich würde den Gelben Fluss überqueren, doch dichtes Eis hat ihn unschiffbar gemacht», klagte er, «und ich würde das Taihang-Gebirge überschreiten, doch es liegt unter hohem Schnee begraben.»

Das war vor mehr als 1200 Jahren. Er muss damals einen sehr kalten Winter und eine schwierige Zeit durchgemacht haben, denke ich und bin froh, dass meine Reise bisher einfacher verlaufen ist.

zum Winter im Blog
thelongestway.com

GOLF VON BOHAI
Hebei

固关 / Guguan
37°53'42" N 113°54'6" E

◀ *Ein Abschnitt der* Großen Mauer über dem Guguan-Pass. Zarter Schnee liegt über dem Land. Die Mauer aus der Ming-Zeit wurde renoviert und für Touristen geöffnet. An den kältesten Tagen des Jahres ist sie jedoch geschlossen, und ich habe sie für mich allein.

柏木井 / Baimujing
37°50'32" N 113°50'50" E

▼ *Die Bewohner* des kleinen Dorfes Baimujing vor dem Tor zu ihrem Tempel. Der ältere Mann in der Mitte trägt den „*Zhongshan*-Anzug", den der Gründer des modernen China, Sun Yat-sen, populär gemacht hat. Aus irgendeinem Grund ist dieser Anzug im Westen als „Mao-Anzug" bekannt geworden.

柏木井 / **Baimujing**
37°50'33" N 113°50'50" E

▸ *Der Niangniang-Tempel* im Dorf Baimujing ist der buddhistischen Gottheit Guanyin geweiht. Ihre Statue thront hinter dem Vorhang im Licht von roten Laternen. Die meisten Leute, die in ihren Tempel kommen, bitten um Nachkommen.

功在三

阳泉 / Yangquan
37°51'12" N 113°35'26" E

▾ *Im Restaurant der* Brüder Yang. Es gibt Feuertopf, dazu heiße Cola. Ich werde eingeladen, mir die Küche anzugucken, in der ein paar Dutzend Angestellte damit beschäftigt sind, „Feuertopf nach Beijing-Art“ für die Gäste vorzubereiten.

洪洞 / **Hongtong**

36°16'22" N 111°40'28" E

▲ *Farbtupfer im Grau* der Straße. Früher hätte man wohl in die Stadt fahren müssen, um zu dieser Jahreszeit Obst aus dem Süden zu kaufen. Doch seitdem der Fortschritt über das Land geschwappt ist, gibt es auch in den Dörfern im Winter Mandarinen. Für mich bedeuten sie nicht nur Vitamine, sondern vor allem auch köstlichen Geschmack.

寿阳 / **Shouyang**
37°54'13" N 113°3'13" E

▲ *Ich begegne nicht* nur Lastwagen, Bussen, Autos, Motorrädern und Fahrrädern, sondern manchmal auch Fußgängern mit ihren Gefährten. Es ist kalt, das Tier atmet mächtig aus, der Bauer grüßt mich mit einem Kopfnicken.

大寨 / Dazhai
37°34'9" N 113°42'50" E

▲ *In den kleinen* Dörfern schlägt mir meistens Freude entgegen, besonders von kleinen Kindern. Die, die alt genug sind, wissen es: Ich sehe mehr und mehr aus wie A Gan. Das ist der chinesische Name von Forrest Gump.

石柜 / Shigui
36°40'17" N 111°40'51" E

▾ *Ich laufe kilometerlang* an einer weißen Linie entlang. Parallel zur Straße führt sie durch Höfe und manchmal auch durch Häuser. Es dauert ein bisschen, bis ich herausfinde, was sie bedeutet: Die Straße soll verbreitert werden, und alles, was diesseits der Linie liegt, wird irgendwann abgerissen.

大寨 / Dazhai
37°34'9" N 113°42'47" E

▸ *Im China des* 21. Jahrhunderts erscheint mir Mao Zedong oft sehr fern, als wäre er nur noch ein Symbol oder Markenname wie Coca-Cola. Doch in Dazhai, dem einstigen kommunistischen Vorzeigedorf, ist er immer noch so präsent, als hätte er erst gestern den Arm erhoben, um China in den „Großen Sprung nach vorn“ zu führen.

广胜寺 / **Kloster Guangshengsi**
36°18'1" N 111°47'49" E

◂ *Es ist früher* Nachmittag und der Imbissbesitzer genießt seine Nudeln. Ich esse oft und gern in Straßenrestaurants, auch wenn ich mit meinem europäischen Magen nicht immer heil davonkomme.

有求必應

平遥 / Pingyao
37°12'9" N 112°10'56" E

◂ *Die Altstadt von* Pingyao duftet allerorts nach Räucherstäbchen, die vor den Tempeln und Schreinen glimmen. Die Menschen zünden sie meist an, um sich etwas zu wünschen, aber auch, um den Verstorbenen zu danken oder ihrer zu gedenken.

▾ *Juli.*

灵石 / Lingshi
36°52'7" N 111°47'56" E

▼ *Eingemachte Früchte,* Schnapsflaschen, Limonaden, Zigaretten, Würste, Putzmittel, Brote, Lollipops, Shampoo, Scheren, Batterien, Glühbirnen, Handschuhe, Putzhandschuhe, Feuerzeuge, Taschentücher, Thermosflaschen, Saucen, Seile, Kaugummis, Nudeln. Und über allem viermal das Bild von Caishen – dem Gott des Reichtums.

霍州 / Huozhou
36°36'19" N 111°42'12" E

▸ *Der Junge trägt* die Opernmaske des Affenkönigs Sun Wukong aus der „Reise nach Westen", einem der beliebtesten klassischen Romane Chinas. Sie erzählt von den märchenhaften Abenteuern des Mönches Xuan Zang, der sich während der Tang-Zeit nach Indien aufmachte, um dort buddhistische Schriften zu suchen. Wenn man die Menschen heute nach ihm fragt, werden die meisten wohl nicht die historische Gestalt oder ihre literarische Ausformung vor Augen haben, sondern eine Fernsehserie aus den 1980er-Jahren. Sie war einer der größten TV-Erfolge aus der Anfangszeit der Politik der Reformen und Öffnung.

静升 / Jingsheng
36°53'50" N 111°52'4" E

◂◂ *Der erste Abend* im neuen Jahr. Ich überblicke den ehemaligen Familiensitz der Wangs, einer alten Händlerfamilie aus der Kaiserzeit, während die Sonne sich langsam über seinen Mauern und Pavillons herabsenkt.

霍州 / Huozhou
36°32'57" N 111°42'13" E

◂ *Der Tempelvorsteher* Meister Yan hat sein Haar zurechtgerückt, sich über Kragen und Bart gestrichen und sich in seinem Tempel aufgestellt. Viele Daoisten mögen es nicht, wenn sie fotografiert werden, aber Meister Yan freut sich.

霍州 / Huozhou
36°32'57" N 111°42'13" E

▾ *Die Wohnhöhle* des alten Daoisten in seinem Tempel. Neben dem Bett befindet sich die Unterlage, um darauf zu knien. Davor steht das Wichtigste, der Schrein. Meister Yan hat ihn bunt geschmückt und den Gottheiten Opfergaben dargebracht. Es sind nicht nur daoistische, sondern auch buddhistische Götter darunter.

辛置 / Xinzhi
36°30'40" N 111°42'15" E

▾ *Leuchtendes Orange* in einer Kohlesiedlung. Die Fläche der Provinz Shanxi besteht zu einem Drittel aus Kohlerevieren, viele Gegenden sind mit dickem Staub bedeckt. Dennoch hängen hier manche Menschen ihre Wäsche draußen zum Trocknen auf.

辛置 / Xinzhi
36°29'46" N 111°42'33" E

▸ *Die Kohle wird* über dem Dorf in Gondeln abtransportiert. Es dröhnt. Immer wieder zieht es mich in die Innenräume der Geschäfte und Restaurants, denn sie kommen mir wie Oasen der Sauberkeit und Stille vor.

AGI'S GIFT
手机：13903475320
张大嘴美食府
麦琪礼物

丁村 / **Dingcun**
35°50'10" N 111°25'19" E

▲ ▶ *Der ehemalige* Vorsteher des Dorfes Dingcun wird zu Grabe getragen. Alle haben sich versammelt, um ihn ein letztes Mal zu begleiten. Seine Söhne führen den Trauerzug an, der Sarg wird von den Männern der Dorfgemeinschaft an langen Stangen getragen, in die verschneiten Berge hinaus. Als die Beerdigung vorbei ist, kehren die Leute ins Dorf zurück. Nur die Angehörigen bleiben, um die Trauerkränze zu verbrennen. Obwohl mir die Familie erlaubt hat zu fotografieren, bin ich sehr bemüht, sie nicht zu stören. Es ist kalt und still. Beerdigungen sind eine Seltenheit geworden in diesem Land der Einäscherungen. Es gibt einfach nicht genug Platz für Milliarden neue Grabhügel.

孤峰山 / **Gufengshan**
35°16'20" N 110°46'46" E

▸ *Fast drei Monate* unterwegs, und immer bin ich irgendwo untergekommen. Als ich das erste Mal mein Zelt aufschlagen muss, bin ich am Fuß eines Berges, auf dem ich mich verlaufen habe. Ich habe zwei Schlafsäcke, die ich ineinanderlegen kann. Trotzdem bin ich froh, als die eisige Nacht endlich vorbei ist.

洪洞 / **Hongtong**
36°14'33" N 111°39'45" E

▾ *Es kommt immer* wieder zu Wintereinbrüchen, die neuen Schnee bringen. Von den Kindern wird er freudig begrüßt. Endlich haben die schwarzen Kohlestückchen auf der Straße einen Nutzen.

临汾 / **Linfen**

36°5'23" N 111°31'21" E

▲ *Stadtkinder haben* eine Auffahrt zu ihrem Rodelberg gemacht, den sie auf ihrem Hosenboden hinabrutschen. Das Geschrei ist groß, als sie mich sehen. Ob ich es auch einmal versuchen will?

风陵渡 / Fenglingdu
34°36'19" N 110°19'29" E

▾ *Der Gelbe Fluss* und am anderen Ufer die Provinz Shaanxi. Endlich. Lange habe ich auf diesen Moment gewartet. Fenglingdu war über Jahrhunderte hinweg der wichtigste Übergang über den Fluss. Ich stehe auf der Brücke und blicke über Schlick und Wasser. Auch heute ist es noch ein beeindruckendes Gefühl, den Huanghe zu überqueren.

华县 / Huaxian
34°31'39" N 109°53'44" E

▸ *Ein Gefreiter mit* einem Unteroffizier der Volksbefreiungsarmee. Ich weiß nicht genau, was sie am Straßenrand machen, aber ich glaube, sie stellen sich die gleiche Frage auch über mich.

华山 / Huashan
34°28'40" N 110°4'41" E

▸▸ *Der Huashan,* einer der berühmtesten Berge Chinas. Xu Xiake, der Anfang des 17. Jahrhunderts das Reich der Mitte durchwanderte und zum Inbegriff des chinesischen Reisenden wurde, beschrieb den Moment seiner Ankunft so: «Als ich zwanzig Li gegangen war, hob ich den Kopf und sah seine Gipfel wie Hibiskusblüten über mir emporragen.» Es ist noch dunkel, als ich den Anstieg beginne. Ich will im Morgengrauen auf dem Ostgipfel sein, um die Sonne aufgehen zu sehen.

Frühling

Gesamtlänge der Route im Frühling: 1060 km
Wuwei
Weiße Yaks von Tianzhu
Gansu
Lanzhou
Liupan-Gebirge
Brücke über den Gelben Fluss in Lanzhou
Dingxi
2000 km
Gansu

Unter Pfirsichblüten

Je mehr Zeit man draußen im Freien verbringt, desto deutlicher spürt man das Wetter.

Manchmal werde ich auf meinem Weg gefragt, ob ich schon einmal von Yu Chunshun gehört habe. Er war einer der berühmtesten Wanderer Chinas, ein stämmiger, bärtiger Mann, der sich im Sommer 1988 von seiner Heimatstadt Shanghai aus aufmachte, um sein Land zu Fuß zu erkunden. Acht Jahre lang lief er durch Wind und Regen, dann starb er in einer der Wüsten von Xinjiang. In seinem zweiten Jahr schrieb er über sein Warten auf den Frühling: «Ich Armer habe den ganzen Winter über nur verdorrte Zweige und Laub gesehen und nicht einmal ein bisschen Grün. Aber nicht mehr lange, und alle Berge und Täler werden von diesem Grün bedeckt sein!»

Auch ich habe lange genug gewartet. Auch ich will endlich wieder Grün sehen.

Der Frühlingsanfang, *lichun*, fällt in die Zeit um das chinesische Neujahr, das auch „Frühlingsfest" genannt wird. Ich bemerke spätestens seit den Feiertagen immer öfter, dass die Blicke der Menschen nach oben schweifen. Sie sehnen sich nach den wärmenden Strahlen der Sonne. Die Felder, die Pflanzen, die Tiere, die ganze Welt scheint darauf zu warten.

Ich erreiche Xi'an, die alte Kaiserstadt, mit der ersten Frühlingswärme, doch meine Ankunft ist von Sorgen überschattet. Ich habe mir eine Fußinfektion zugezogen, die ich mit Salben und beißenden Fußbädern zu behandeln versuche. Außerdem gibt es Probleme mit meinem Visum, und ich muss zurück nach Beijing. Die Strecke, die zu Fuß drei Monate gedauert hat, rast im Flugzeug in anderthalb Stunden unter mir hinweg. Es ist unwirklich.

Als ich Mitte März endlich von Xi'an nach Nordwesten aufbreche, habe ich keine Hornhaut mehr am rechten Fuß, dafür aber einen Antrag für einen neuen Pass in der Tasche. Ich humpele in die Berge und freue mich über das Erblühen der Welt, darüber, dass es endlich wieder weitergeht. Der Frühling ist da.

Und er hat seine Farben mitgebracht.

Das Weiß des Schnees, das Grau des Winters, das Schwarz der Kohleminen – sie sind ein für allemal fort. Das Land hat den Lehm seiner Äcker und das Grün seiner Wiesen freigelegt. Bunte Blüten sind aus ihm hervorgesprossen wie heitere Gedanken, und seine Bäume und Sträucher greifen nach den Sonnenstrahlen. Wenn ich mich beim Laufen vom Rhythmus meiner Schritte treiben lasse und in den Himmel blicke, finde ich ihn so blau und so verheißungsvoll wie nie zuvor.

Ich muss an die Neujahrstage denken. Sie waren die Zeit der Heimkehr. Die Menschen standen vor ihren Toren, die Öfen angeheizt, die Hände in den Ärmeln zusammengeschoben. Sie blickten die Straßen hinunter und warteten auf ihre Verwandten. Jetzt, im Frühling, ist alles wieder im Aufbruch. Wer es sich leisten kann, fährt in den Urlaub, die Wanderarbeiter schwärmen über die Städte, und die Lehrer unternehmen mit ihren Schulklassen den *chunyou*, den traditionellen Frühlingsausflug. Überall sieht man sie, kleine Jungen und Mädchen in bunten Schuluniformen, die wie Jogginganzüge aussehen. Kichernd verstopfen sie die Parks, wuseln in Tempelgärten, Zoos und sogar in Gewächshäusern herum.

Nur auf der Landstraße sind sie nicht. Sie ist kein Ort, an dem man sich aufhält, dafür ist es auf ihr zu gefährlich. Immer wieder muss ich vor Lastwagen zur Seite springen, die an mir vorbeipoltern wie wütende Kuhherden. Ich erkenne, dass Shaanxi zwar ebenso bergig ist wie die Nachbarprovinz Shanxi, aber auf eine andere Art. Hier gibt es Tunnel, heiße, brüllende Röhren, die am Tag düster sind und nach Sonnenuntergang gelb glühen. Nachts, wenn ich in die Dunkelheit hineinlaufe, setze ich meine Stirnlampe auf, und kleine Insekten tanzen in ihrem Schein. Dann sehe ich in der Ferne die Lichter der Autos wie betrunkene Kometen und kann meinen eigenen Atem hören. Er erinnert mich an die Brandung des Meeres.

Ich laufe zwar gern in dieser Stimmung, trotzdem versuche ich, möglichst bei Tageslicht unterwegs zu sein. Es ist sicherer, und ich kann den Anblick tiefblauer Himmel genießen, die sich über den Horizont spannen. Ich sehe Schafherden wie kleine Wolken auf meinem Weg und Pfirsichblüten, die wie Myriaden von rosa Katzenzungen die Täler betupfen.

Spätestens seit ich Xi'an verlassen habe, folge ich einem Faden in einem Netz, das die Welten zwischen Pazifik und Atlantik verbindet. Wieder war es von Richthofen, der ihm seinen wohlklingenden Namen gab: Seidenstraße. Er meinte damit nicht nur einen einzigen Weg, sondern das gesamte Verbindungsnetz, auf dem seit Urzeiten Waren und Ideen über den eurasischen Kontinent transportiert wurden. Je weiter ich nach Westen vordringe und je wärmer es wird, desto mehr erliege ich dem Charme dieser Idee. Ich denke an Karawanen und Händler, an Kamele und an das gleichmäßige Läuten der Glocken, die von ihren Hälsen baumeln. In meiner Vorstellung haben die Menschen von damals wallende Gewänder an und hinterlassen dort, wo ich heute unterwegs bin, ihre Spuren im Staub.

Jede Straße hat ihre eigene Persönlichkeit, die sich dem offenbart, der langsam genug auf ihr unterwegs ist. In Europa sind die meisten der alten Handelswege hoch gelegen, weil sie die Wälder und Moore meiden wollen. Hier jedoch, wo die größte Gefahr schon immer in der Trockenheit gelegen hat, folgt die Straße den Tälern und Flüssen.

Immer wieder betrete ich Dörfer, die das Zeichen *dian* 店 im Namen tragen – „Gasthof" – oder *yi* 驿 – „Poststation". Sie stammen noch aus der Kaiserzeit. Damals konnten berittene Boten Hunderte von Kilometern an einem einzigen Tag zurücklegen, indem sie an diesen Orten ihre Pferde wechselten. Auch Händler und Karawanen kamen, angelockt von der Aussicht auf Wasser und Essen und – häufig gegen Aufpreis – um Schutz vor Überfällen zu finden.

Heute sind aus den Gasthöfen und Poststationen Siedlungen geworden, komplett mit Truckerherbergen, Tankstellen und Werkstätten. Die Pferdeställe sind verschwunden, und dort, wo früher die Kamelkarawanen abgetrennt untergebracht wurden, damit sie die anderen Tiere nicht nervös machten, befinden sich heute Parkplätze für tonnenschwere Lastwagen. Aus den Geschäften plärrt Musik, die Kundschaft anlocken soll, meistens gibt es einen Friseur, eine Apotheke und den einen oder anderen Imbiss. Ich sitze mit drei Fernfahrern an einem Tisch, wir essen Nudeln mit Hühnerfleisch. Sie erzählen mir, dass sie mit einer Ladung Kindersitzen nach Kasachstan unterwegs sind. Auf dem Rückweg werden sie Baumwolle in den chinesischen Süden transportieren, die Fahrt dauert mehrere Wochen. Sie lachen dröhnend, und es klingt, als wäre das eine sehr lange Zeit.

Für mich sind mehrere Wochen nichts.

Die Lauftage folgen festen Regeln, ohne eintönig zu sein. Morgens ziehe ich mir frische Socken an, dann setze ich den Rucksack auf und gehe, so weit ich kann. Manchmal höre ich dabei Musik, manchmal lausche ich den Geräuschen in der Landschaft. Ein Horizont enthüllt den nächsten, der nächste enthüllt den übernächsten. Ich fotografiere und notiere meine Eindrücke, und wenn ich abends einen passenden Ort erreicht habe, kümmere ich mich um Essen, Trinken und ein Bett. Niemals gehe ich schlafen, ohne mir vorher die Füße gewaschen und meinen Blogeintrag über den Tag geschrieben zu haben. Ich bin überrascht, wie viele Menschen mir auf diese Weise folgen.

In alldem liegt eine gewisse Befriedigung. Ich laufe und berichte darüber, meine Haare und mein Bart werden länger, es hat irgendwie einen Sinn.

William Lindesay, der erste Ausländer, der die Große Mauer zu Fuß bewältigte, notierte 1987: «Das Glück am Ende eines langen Tages besteht aus einem Teller Nudeln, Tee für den ganzen Abend, einem Fußbad und einer Gelegenheit, mich und meine Socken zu waschen.» 20 Jahre später geht es mir wie ihm.

China hat sich zwar in den letzten Jahrzehnten sehr verändert, ist offener, wohlhabender, vielleicht auch komplizierter geworden, doch die Welt des Zu-Fuß-Reisenden ist immer noch dieselbe: essen, schlafen, Füße waschen.

Ich komme durch Dörfer, in denen bärtige Greise in der Sonne sitzen. Sie tragen weiße Kappen und ihre Frauen Kopftücher, sie sind Angehörige der Hui, der muslimischen Chinesen. Ihre Geschichte ist eng mit der Seidenstraße verbunden, denn ihre Vorfahren waren muslimische Händler, die vor 1400 Jahren begannen, in das chinesische Kaiserreich einzusickern. Obwohl sie keine eigene Sprache mehr sprechen und den Han-Chinesen mit der Zeit auch sonst immer ähnlicher geworden sind, haben sie ihre Religion behalten. Moscheen und Mausoleen säumen ihre Dörfer, und wenn ich eines ihrer Restaurants betrete, werde ich mit einem erfreuten «Salam aleikum» begrüßt. Oft halten sie mich wegen meines Bartes für einen Glaubensbruder.

In der Nähe der Industriestadt Lanzhou überschreite ich zum zweiten Mal den Gelben Fluss. Ich bin froh, ihn zu sehen, denn er ist wie ein alter Freund, und sein Murmeln hat etwas Beruhigendes.

Es ist schwierig, gleichzeitig zu laufen und eine Beziehung zu haben. Ich besuche Juli in München und versuche die Wogen zu glätten. Dann betrete ich den *hexi zoulang*, den „Korridor westlich des Flusses".

Er führt mich durch ein tibetisches Hochland. Der Höhenmesser zeigt 2000, schließlich über 3000 Meter an, doch mit Staunen stelle ich fest, dass ich davon nicht kurzatmig werde und auch keine Kopfschmerzen habe. Wahrscheinlich liegt das daran, dass sich mein Anstieg über so viele Wochen und Monate hingezogen hat. Es sind gute Lauftage. Die Berge ruhen am Horizont, die Lamas tragen burgunderfarbene Gewänder, die Yaks kauen gutmütig auf dem Gras herum. Ich atme tief ein und tief aus, der Himmel ist so nah, dass ich meine, ihn mit den Händen berühren zu können.

«China ist für die Reisenden das sicherste und schönste Land, so sehr umsorgt man sie auf den Straßen dort», berichtete Ibn Battuta, der berühmteste Entdecker der arabischen Welt, im 14. Jahrhundert. Seitdem sind Jahrhunderte vergangen, viele Kriege geführt worden, und trotzdem – je weiter ich auf meinem Weg komme, desto mehr Freundlichkeit und Hilfsbereitschaft wird mir von den Menschen zuteil, besonders in den Dörfern.

Autofahrer halten am Straßenrand an und sind enttäuscht, wenn ich nicht mitfahren will. Mehr als einmal drückt mir jemand ein paar Münzen in die Hand, weil der Grund für mein Laufen offensichtlich darin liegen muss, dass ich mir den Bus nicht leisten kann. Wenn es irgendwo einmal kein Gasthaus gibt, nehmen Familien mich auf, oder ich werde in einem Tempel oder Imbiss untergebracht. Einmal lande ich sogar in einem Rathaus.

Besonders das überrascht mich. China hat zwar vor drei Jahrzehnten begonnen, sich langsam der Welt zu öffnen, und ich kann heute in Gegenden vordringen, für die William Lindesay in den 1980er-Jahren noch einen ganzen Stapel Genehmigungen benötigt hätte. Trotzdem wundert mich das Vertrauen des Provinzbeamten, der mich in seinem Büro übernachten lässt. Aber vermutlich ist es mit den Amtsträgern ähnlich wie mit allen anderen Menschen: Man kann an solche oder solche geraten, je nachdem, ob man Glück hat oder nicht.

Es ist Ende Mai, und vor mir liegen die starrenden Weiten der Gobi. Mir wird klar, dass ich viel Glück brauchen werde, wenn ich die Wüste tatsächlich zu Fuß durchqueren will.

zum Frühling im Blog
thelongestway.com

Shanxi
Ningxia
Shaanxi
Pfirsichbäume
Pingliang
Xianyang
Xi'an
Tempelhöhlen von Binxian

窑店 / Yaodian
35°16'15" N 107°39'32" E

◂ *Abends auf der* Landstraße. Ein kleiner Junge steht im Eingang eines Kiosks für mich Modell. Seine Freunde gucken mir über die Schulter, während wir gespannt auf das Foto warten. Die Belichtung dauert 30 Sekunden. Es ist still, unser Lachen schallt weit durch die Nacht.

彬县 / Binxian
34°57'4" N 108°3'27" E

▾ *Ein Unfall in der* Tunnelmitte, alles steht. Die Luft vibriert von der Hitze, vom Lärm und von den Abgasen. Der Tunnel ist kilometerlang, es gibt keinen Bürgersteig und keine Pannenspur. Ich laufe an der feuchten Wand entlang und hoffe, dass ich mich an der Unfallstelle vorbeizwängen kann.

礼泉 / **Liquan**
34°29'50" N 108°23'4" E

◂ *Ich bin von der* Straße abgebogen, um die Kirche zu besichtigen, einen Neubau, für den die Gemeinde selbst das Geld aufgebracht hat. Alle sind sehr stolz darauf. Der kleine Junge interessiert sich sehr für meine Haare, meinen Rucksack und für meine Kamera.

彬县 / **Binxian**
34°53'1" N 108°2'37" E

▴ *Auf der Landstraße.* Auch mit Stützrädern ist es manchmal besser, wenn man von seinem Opa geschoben wird.

彬县 / Binxian
35°4'23" N 107°59'30" E

◂◂ *Die Tempelhöhlen* stammen aus dem frühen 7. Jahrhundert, der Zeit der Tang-Dynastie, als der Buddhismus in China seine erste Blüte erlebte. Als ich die Zerstörungen sehe, denke ich zuerst an die Kulturrevolution oder an die europäischen Asienforscher des 19. Jahrhunderts, doch ich werde überrascht: Sie sind ein Werk der Tang. Einer ihrer späteren Kaiser war gläubiger Daoist und ließ den Buddhismus radikal verfolgen.

五里铺 / Wulipu
35°20'40" N 107°19'2" E

▾ *Die Kinder haben* mich auf der Straße abgefangen und mir den Weg zu ihrem Lieblingsplatz gezeigt. Wir setzen uns an den Rand eines Fischteichs und unterhalten uns über alles Mögliche. Wenn ich später gefragt werde, welches die schönsten Momente auf meiner Reise waren, wird mir immer dieser lächelnde Frühlingstag einfallen.

高平 / **Gaoping**
35°19'27" N 107°30'49" E

▲ *Pfirsich- und* Aprikosenblüten sprenkeln die Täler. Ich muss mich nicht weit von der Straße entfernen, um eine völlig ruhige Stelle für mich allein zu finden.

静宁 / **Jingning**
35°34'25" N 105°37'29" E

▲ *Dorfbewohner haben* an der Straße einen kleinen Stand aufgemacht. Die Autofahrer können hier Wasser nachfüllen, es gibt Getränke zu kaufen und Fertignudeln, und man kann sich in einer Schale das Gesicht waschen.

泾川 / **Jingchuan**
35°20'10" N 107°20'46" E

▶ *Die Verehrung der* Xi Wangmu, der „Königin Mutter des Westens“, ist eng mit der Geschichte der Seidenstraße verbunden. Sie ist eine mythologische Gestalt, die der Legende nach in einem Gebirge im Nordwesten des Landes wohnt. Wie viele andere Gottheiten steht sie für Wohlstand und ein langes Leben. Als ich ihren Tempel besuche, habe ich plötzlich Lust auf Kartoffelchips.

PRINGLES

平凉 / **Pingliang**
35°25'32" N 107°0'22" E

◂◂ *Mutter und Kind* auf dem Weg zur Feldarbeit. Je weiter ich nach Westen komme, desto mehr Minderheiten treffe ich, vor allem muslimische.

平凉 / **Pingliang**
35°32'24" N 106°40'25" E

◂ *Einen Hocker, die* Tageszeitung und freundliche Gesellschaft – mehr braucht es nicht, um die Stille in den Innenhöfen der Stadt zu genießen.

平凉 / **Pingliang**
35°31'50" N 106°42'0" E

▾ *Der ältere Herr gehört* zur muslimischen Minderheit der Hui. Er ist in ein Schachspiel mit seinem Freund, einem Han-Chinesen, vertieft, als er plötzlich aufspringt und mich zu sich heranwinkt. Es dauert einen Moment, bis ich verstehe, was er sagt: «Komm, mach ein Foto von uns!»

平凉 / **Pingliang**
35°32'24" N 106°40'24" E

▲ *Ein Klassenzimmer,* in dem Kinder im Vorschulalter im Schreiben unterrichtet werden. Ich erinnere mich an meine Chinesischstunden an der Universität und beneide sie nicht.

平凉 / **Pingliang**
35°32'24" N 106°40'25" E

▸ *Keke, vier Jahre alt,* hat einmal in der Woche Kalligrafieunterricht und übt viermal in der Woche Klavier. Als ich sie frage, was sie am liebsten isst, strahlt sie und sagt: «*Jiaozi* – gefüllte Teigtaschen!»

学习园地

静宁 / Jingning
35°33'15" N 105°39'20" E

◂◂ *Der April ist genau* die richtige Jahreszeit zum Laufen. Nicht zu warm und nicht zu kalt. Ich frage mich, warum die Wiesen mit den Bäumen überflutet sind, aber ich finde es nie heraus.

西巩驿 / Xigongyi
35°39'27" N 104°51'31" E

▴ *Das Maultier arbeitet,* der Spaten steckt im Acker. «Bitte guckt nicht mich an, sondern das Feld, als wäre ich gar nicht da!», sage ich zu den Bauern, und während ich das Foto mache, höre ich sie unter ihren Hüten miteinander spekulieren, was mich wohl hierher verschlagen haben mag.

界石铺 / Jieshipu
35°36'29" N 105°30'14" E

▾ *Ein Bauernhaus im* Westen. An den Rauchspuren unter dem Fenster erkennt man, dass es einen *kang* hat, ein beheizbares Bett aus Stein. Im Vordergrund steht eine Satellitenschüssel, daneben befindet sich ein Solarkocher – eine mit Spiegeln ausgekleidete Schale, in der sich Sonnenstrahlen bündeln lassen. Die Tiere sind mit im Hof untergebracht, dafür ist die Toilette draußen. Ich übernachte häufig in Bauernhäusern wie diesem.

界石铺 / Jieshipu

35°37'48" N 105°29'2" E

▾ *Dorfbewohner treiben* ihre Esel zur Feldarbeit in die Berge. Während ich den Tieren beim Anstieg zugucke, wird mir klar, dass sie Autos gegenüber einen entscheidenden Vorteil haben: Sie weichen Schlaglöchern von selbst aus.

界石铺 / **Jieshipu**

35°38'33" N 105°28'2" E

▲ *Der Eingang zu* einem kleinen Bergtempel. Er ist dem Tudigong, dem „Erdgott“ geweiht, einer nicht allmächtigen, dafür aber sehr zugänglichen Gottheit. Früher hatte fast jedes Dorf in China einen solchen Tempel, in den man ging, um zum Beispiel für eine gute Ernte zu beten. Über dem Eingangstor steht die Bitte: 佐我一方 – «Schütze unsere Heimat».

兰州 / Lanzhou
36°2'56" N 103°51'38" E

◂◂ *Lanzhou erschlägt* mich fast, nicht nur mit seinen Wolkenkratzern, sondern auch mit seinem Smog. Die Stadt ist der wichtigste Knotenpunkt des Nordwestens, hat Millionen Einwohner und eine bedeutende Schwerindustrie. Als ich ankomme, huste ich zwar ein paarmal kläglich, doch ich bin trotzdem froh, hier zu sein. Lanzhou bedeutet für mich Zugang zu schnellem Internet und das Privileg, eine Zeit lang nicht im Schlafsack nächtigen zu müssen.

兰州 / Lanzhou
36°3'49" N 103°49'33" E

▾ *Wiedersehen mit dem* Gelben Fluss, der auf einer Länge von 50 Kilometern durch die Stadt führt. An vielen Stellen sind Schiffe vertäut, auf denen man zu Abend essen, Karaoke singen oder sich einfach nur betrinken kann.

兰州 / Lanzhou

36°3'49" N 103°49'32" E

▾ *Werbung für einen* Wettkampf im Biertrinken, der auf einem der Schiffe stattfinden wird. Als Preisgeld sind 5000 Yuan ausgelobt. Der Sponsor, Xuehua oder „Snow Beer“, ist die beliebteste Biermarke Chinas, gleichzeitig eine der meistverkauften der Welt. Ich bleibe nicht, um dem Wettsaufen zuzuschauen, aber frage mich im Vorbeigehen, ob ein schwankendes Schiff dafür wirklich der richtige Ort ist.

双塔 / Shuangta
37°34'35" N 102°52'19" E

▾ *Noch zwei Tage bis* zum „Internationalen Kindertag“ am ersten Juni. Ich komme durch Dörfer, in denen kleine Jungen und Mädchen aufgeregt durcheinanderlaufen. Ihre Eltern haben sie für die Spiele und Aufführungen herausgeputzt. Sie sind sehr überrascht, als sie erfahren, dass wir in Deutschland den Kindertag überhaupt nicht richtig feiern.

兰州 / Lanzhou
36°2'14" N 103°50'52" E

▸ *Fernbusse wie* dieser Schlafbus nach Xining verbinden viele Orte miteinander. Die meisten sind rumpelig, riechen nach ungewaschenen Füßen und Zigaretten, und immer werden die gleichen Filme abgespielt. Ich bin froh, dass ich in meinem eigenen Tempo unterwegs bin.

天祝 / Tianzhu
37°1'42" N 102°46'49" E

▸▸ *Die Einwohner des* tibetischen Kreises Tianzhu sind sehr stolz auf ihre weißen Yaks. Nur hier seien diese Tiere zu Hause, sagen sie. Ihre Wolle ist im ganzen Land begehrt.

信利文体商行
办公用品 学生用品 等等纸张 电话:13399353331
兰州清香牛肉面
金冠蛋糕房
小汤 烧烤 烤羊肉
鱼虾 鸡翅 羊头 羊排 各种素菜

天祝 / Tianzhu
36°58'40" N 103°8'6" E

◀◀ *Der tibetische Lama* dreht seine Runden um den Huazang-Tempel von Tianzhu. In den Gebetsmühlen befinden sich Schriftrollen mit Gebeten. Auch von außen sind sie mit einem Mantra beschrieben, und zwar mit dem wichtigsten des tibetischen Buddhismus, dem „Juwelen-Lotos“, *om mani padme hum.*

天祝 / Tianzhu
36°58'28" N 103°8'6" E

◀ *Es ist halb vier* am Nachmittag, und die beiden Herren haben offenbar noch einiges vor. Während ich vorbeigehe, prosten sie mir vergnügt zu, und ich vergesse sie zu fragen, ob sie Tibeter sind oder Han-Chinesen. Ich weiß, dass Tibeter furchtbar gern Hüte tragen, aber das heißt ja nichts.

古浪 / Gulang
37°30'13" N 102°53'42" E

▼ *Als ich zum ersten* Mal auf meiner Reise die uighurische Schrift sehe, bin ich hingerissen. Was mag sie hier wohl bedeuten, unter der Frühlingssonne, so weit entfernt von der Heimat der Uighuren auf der anderen Seite der Gobi? Erst sehr viel später zeige ich das Foto voller Vorfreude jemandem, der mir die Schrift übersetzen kann. «Oktober Traktor Fabrik, Xinjiang, China», sagt er, und es ist deutlich, dass er meine Aufgeregtheit absolut nicht nachvollziehen kann.

乌鞘岭 / Wushaoling
37°11'37" N 102°52'8" E

▲ *Der Wushaoling-Pass* ist mit über 3000 Metern der höchste Punkt meiner Reise. Ich treffe auf Schafherden und Yaks, das Gras ist sehr kurz und die Welt sehr still.

永丰 / Yongfeng
38°0'42" N 102°28'13" E

▼ *Nacht in einem* daoistischen Tempel. Der Vorsteher hat mir eine Matte zum Schlafen ausgerollt und daneben eine Steckdosenleiste ausgelegt. «Zum Stromaufladen», sagt er und lächelt. Ich bin überrascht, als ich die kleinen Statuen auf dem Schrein angucke und auch eine Büste von Mao Zedong darunter finde.

乌鞘岭 / Wushaoling
37°7'4" N 102°55'32" E

▸▸ 人民共和国 – „Volksrepublik" bedeuten die ersten fünf Zeichen, die am Straßenrand dafür werben, die Verkehrsregeln zu befolgen. Im Hintergrund ist das Qilian-Gebirge zu sehen, das sich südlich der Gobi auf etwa 800 Kilometer Länge erstreckt und Höhen von fast 6000 Metern erreicht. Für mich ist es bald wie ein alter Bekannter. Ich sage ihm «Guten Morgen», dann laufe ich den ganzen Tag an ihm entlang, und wenn ich abends zu Bett gehe, sage ich ihm «Gute Nacht».

和国公路

Fangite
Fangite
Ingredients:
Potatoes, Palm Olein, Sugar, Tomato
Salt, Monosodium Glutamate, Vinegar
Artificial Flavor, Paprika Oleoresin,
Antioxidant.
SIZE F
NET WEIGHT

Auszüge aus meinem Blogarchiv
www. thelongestway.com

Tuesday, November 27th, 2007
**day 19: 定州 (dingzhou) –
承安铺 (cheng'anpu) = 24,7km**
/

farewell in blue

The sky was azure and looked like Indian summer today:

I was thinking, is this the last day before winter? I opened my jacket and I opened my sweater, then I let in the warmth …

… and then I slowly limped through the town gate, out of 定州, southwest on G107 …
Sometimes thoughts have their twisted ways. Like today I was looking at something here, thinking: *Man, that looks weird!* – then I realized: *Yeah, of course it looks weird, it's supposed to look weird, it's EXOTIC, you are a German in an exotic place!*

Or is it me who is being exotic?
Weird thought.

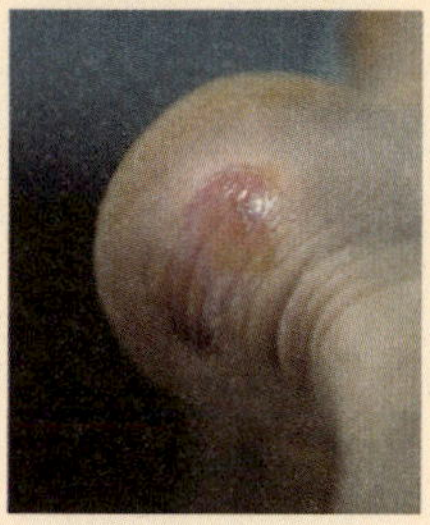

Oh, did I just say I LIMPED out of town? Yes, my foot is messed up again. Enjoy looking at other people's misery? Well I gotta admit I do sometimes, so this one is from me for you:

Beautiful! This has been kind of spoiling my fun today. But apart from this, it was all good. Like I said, the weather was fine, the sky was a clean shade of blue, and I peacefully limped along the highway.

Some people were busy working. (Lots of places along today's road were in the sand-business, I wonder where they get all that sand …)

Other people were taking a time out. (I don't know what business this guy was supposed to be in, but for a brief moment I thought I had seen him before in the movies playing all the dudes that die driving …)

Most people just kind of rushed by me honking their horns, some as a greeting, some in surprise or disbelief, others just to let me know that I better get my exotic ass out of their way, because the street got quite narrow at times …

I made it to the next settlement by the time azure was turning into rosé:

承安铺 (cheng'anpu) is a fascinating place. Basically only consisting of one strip of houses (mostly shops) flanking the highway, it kind of seems almost like an old settlement in the Wild West. It's got the dusty air, too. But no cowboys.

I had a good bowl of 白面 (baimian) ...

... then I went up into my hotel room.

Then I noticed that they're going to turn off the heating here, too, after midnight.

Then I had a look at my right heel, took a picture for you and put some ointment on it.

For me, to ease the pain.

Soundtrack: Ringworm – "The Promise"
– total: 283,3km

Tuesday, December 13th, 2007
day 35: 阳泉 (yangquan) = 0 km
/

storytelling

At first it didn't really look like I was going to shoot many pictures today, because the heating in this hotel softly convinced me to stay a bit longer:

So I bought a coke and a bag of chips, some chocolate candy bars, a pound of tangerines and 16 yogurts (8 strawberry & 8 peach flavored). Then I lounged around in my room, washed some dirty socks and let them dry on the radiator. (臭袜子!)

I was just wasting away playing a video game (which I kept losing) when I got a call from a dude I had met on the street.

These are the 杨 (yang) brothers. They own a hot pot restaurant in 阳泉 and were really friendly and nice to talk to:

We had a superb dinner and they even let me shoot in the restaurant's kitchen. I don't know why, but *work* is really one of the most interesting subjects for me to take pictures of.

I like the way things look in a professional environment. It seems like everything has been designed for a purpose, not just for show. I like that.

Soundtrack: Faith No More – "Easy"
– total: 503,4km

Monday, January 28th, 2008
day 81: 翟店 (zhaidian) –
万荣 (wanrong) = 13,7 km
/

others too

Many people I see ask me why I don't take a bus or at least ride a bicycle.

But there are others walking through the white as well ...

These two guys are wandering musicians from Shandong-province (山东). They are walking north, while I'm headed south, and neither of us is going to be at home for the spring festival:

Obviously, this doesn't affect me that much, but I think for Chinese people it must be hard to be separated from their loved ones around this time of the year.
Well, I wish them good luck and a happy new year.

I stopped at a gas station to sit down and have a rest:

Originally I was only hoping to hang out in the service area for a while, but the friendly young family who was working there invited me in for a chat.

This little friend is just trying out some new shiny red clothes, especially bought for the spring festival next week:

I spent like an hour in this nice warm little home, then I was out there again, cursing and whining about the horrible weather, walking the last 5km to my destination.

Soundtrack: Shelter – "Rejuvenate"
– total: 1126,8km

Saturday, February 2nd, 2008
day 86: 临猗 (linyi) = 0 km
/

tea

What a mess:

I laid all my stuff out to dry in my hotel room:
– tent
– sleeping bags
– shoes
– gaiters
– inlays
– clothes

Then I sat down and waited ...
So much better with a cup of good tea.

Soundtrack: Truth Hurts – "Addictive"
– total: 1177,7km

Sunday, February 10th, 2008
day 94: 运城 (yuncheng) = 0 km
/

cakes, carousels, and captive canines

This is my friend's Grandma:

It was her birthday today, and we had a nice little party.

Then we went out to the park to have some fun.

Okay, I gotta admit it – I didn't take any of the rides, I had enough fun just taking pictures.

For example, I snapped a shot of these little dudes riding the plastic bubble:

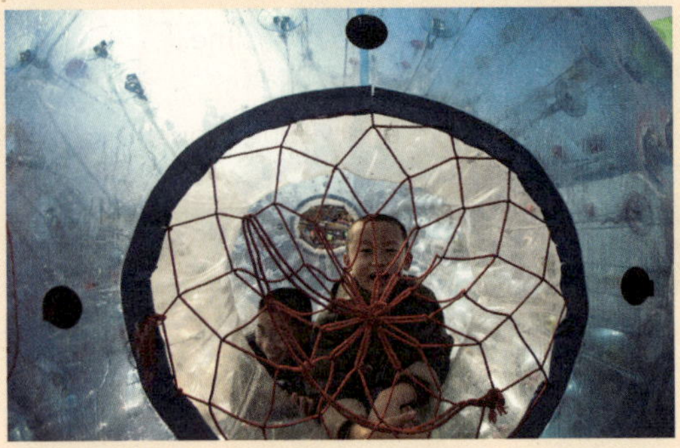

little dude (singing): “Foreigner, I hate you, I hate you!”

me (the foreigner): “Now why would you say that, little friend?”

little dude: “Ah?? The foreigner can speak Chinese? D'oh!!”

Christoph wins. Fatality.

Muhahahaha...

Anyways, it seemed like the whole town was out strolling in the park at the same time.
I had fun just snapping pics.
Street photography turned into *park photography* I guess.
I particularly like this one:

They were so serious somehow, sipping on their 奶茶 (pearl milk tea).

There was one more temple in 运城 (yuncheng) that I hadn't seen yet. This one is of course also about 关羽 (guanyu), though it seems like it's just not been as nicely taken care of.

In a hidden corner on the temple grounds, I heard a saddening sound and saw a saddening sight:

I don't know what to say.
It just made me sad.

Soundtrack: Luke – “It's Your Birthday”
– total: 1209km

Friday, February 29th, 2008
day 113: 灞桥 (baqiao) –
西安 (Xi'an) = 18,8 km

/
西安 – Xi'an

The first thing in the morning – lazy cats on the roof.

They were bathing in the sunlight while I was leaning over a dirty sink brushing my teeth.

When I got on the highway to 西安 (Xi'an) though, the sun was shining upon me too, I had a cool drink in my hand, and walking suddenly seemed really comfortable:

The city was drawing closer and closer.

At one point, a guy with a motorcycle stopped next to me and said: “聊一会儿吧!” – “Let's chat for a while!”
And so we did – all the way to downtown.
He would be pushing his bike and ask questions.
I enjoyed his company, and I was happy to find out that he and I shared the same Chinese family name 雷 (lei – but then of course I am a total imposter).

At some point 雷先生 (Mister Lei) had to take off though, so I was on my own again, drifting through crowded streets with towering buildings above me:

西安 is one of the few Chinese cities with a remaining city wall – and a very pretty one it is:

I was going to enter from the East Gate (长乐门), but when I got to a courtyard inside the gate, these folks told me that there was no way through.

Feeling tired and weary anyways, I decided to hang around and chat for a while, all the while feasting on cookies and orange juice.

Then I was mentally prepared to take to the streets again:

It's really just too many people to navigate through with a large backpack.

I was happy anyways that I didn't have to take the bus. Or worse, *wait* for the bus. Well on the other hand, it felt kind of nice to be in the city again.

Especially in a city as historically rich as this one.

I think what it comes down to is this: People want what they don't have - at least most of the time.

I suddenly seemed to have *everything* though:

My friend Steven from Canada had asked his friends 毛毛 (maomao) and 陶先生 (Mister *Tao*) to take care of me while I was in 西安, so they went all out of their way to get me this superb hotel room and treat me to dinner and find me a personal tourist guide.

Wow, I thought, how will I ever find a proper way to express my gratitude?

Soundtrack: N.E.R.D. – "Things Are Getting Better"
– total: 1553,2km

Friday, March 16th, 2008
day 121: 咸阳 (xianyang) –
店张 (dianzhang) = 23,5km

/

walk

Oh yeah, I'm finally doing what I had originally set out to do: walk!

The last three days had seen me looking outside my window like a sick dog – but today I packed up, went out, and *walked down* that road I had been staring at for so long.

Beautiful!

Okay well, with almost all cuticle shred off from my feet due to that vicious treatment a week ago, I felt like today's joy was really more of a mental than of a physical nature.

But still I somehow managed to cover a decent distance, and I even came across a historical relic on the way:

To be totally honest I'm not so sure about what exactly this is, but I am led to believe that it could be a burial mound from Imperial China, much like the one I've seen earlier.

Whatever, it might as well have been the world's largest molehill for all I care – I was so happy to be back on the road anyways!

So many interesting people to look at:

So much concrete winding through the countryside, waiting for me to gently put down one foot, and then the other one.

...and then the first foot again, and then the other one ...

My original plan was to walk all the way to 礼泉 (*liquan*) today, but when I asked this friendly old farmer about his expert opinion, he just laughed.

He told me to forget about 礼泉 for today and just settle in at itsy-bitsy 店张 (*dianzhang)* instead.

And I did just that.

And you wanna know another thing? Two dudes at the place where I just had dinner told me that this particular 店张 used to be the very first stop on the Silk Road coming from 西安 (Xi'an). Magic!

There's really nothing to look at here, though.

But so much to be imagined...

Soundtrack: Pantera – "Walk"
– total: 1617,8km

Friday, March 28th, 2008
day 141: 泾川 (jingchuan) = 0 km
/

1 good thing, 4 nice people, 1 bad thing, and a possible solution to a problem

I had a nice big fat 火龙果 (dragon fruit) for breakfast. Dat most prettiest of all fruitz.

Srsly.

Then I went to check out 王母宫 (the palace of wangmu), constructed in the 1990s.

This 王母 (wangmu) or 王母娘娘 (wangmuniangniang) plays an important role in the Chinese mythological pantheon.

In Taoist belief, she is linked to *immortality* and the *feminine* 阴 (yin) as in 阴阳 (yinyang).

I don't know if it helps at all if I tell you that this 王母 is supposed to be the daughter or wife of a certain 玉帝 (yudi).

This guy (the big one in Imperial yellow, not the monk posing in the picture) is looked upon as the ruler of Heaven and Earth. Pretty massive title, eh? Well, Chinese mythology is filled with interesting figures, and we've seen some others before.

There are beliefs and traditions all across the globe – and then there are the people who carry them out.

This guy would definitely kick my ass in a beard-off.

And the smiling temple master:

Really, they were what was best about this whole place; so kind and open-minded. We took a group picture as a souvenir:

Then I headed down to visit the Buddhist grottoes.

Buddha statues, darkly glowing in the dim light of the cave for more than 1400 years – it was beautiful. No pictures.

I got my student ID and my introductory letter from our cinematography department at *Beijing Film Academy* and went to the local authorities to get a permission to take photographs of their relics.

But … it only ended up in a bureaucratic mess that got me very upset.

Merry-go-round, Kafka-go-round, WTF??

I decided to drop the subject and do something meaningful instead: Get my shoes fixed.

吕先生 (Mr. Lü) wasn't there today, but 周先生 (Mr. Zhou) kindly helped out:

He got a patch of leather and prepared it:

... glued it into my shoe:

... made sure it was all fixed in there:

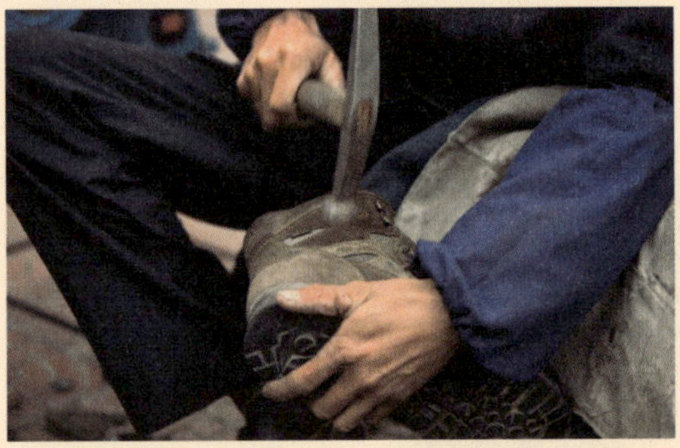

... then stitched it all up:

I'll show you a picture of my shoe tomorrow. Wish me luck.

Soundtrack: Pennywise – "Fuck Authority" – total: 1823,2km

Thursday, April 24th, 2008
day 168: 西巩驿 (xigongyi) – 搀口 (chankou) = 43,9km

/

to each his own

Today was a bit too much for me:
– the distance.
– the "repaired" shoe – *oh, how I regret it!*
– the inclining road
– my cold.
Damn.

Well, I could have slept off the cold for another two days.

And I tried finding new shoes (any pair of sneakers would have been better than what I had on now), but... you guessed it: no size 45 to be found!

So I stuffed a folded sock in my right shoe to provide for some cushioning around the ankles.

And then I got on my way:

Not very many people around:

Just arid landscapes.

Then I hear someone holler at me from behind.

This is 王秦 (*wang qin*). The 28-year-old, who used to be in logistics in Shanghai, is now riding his bike all around China. And I mean ALL AROUND; the most northern/southern/eastern/western points – he's going to go ride all the way out there within roughly a year. Why?

Because he wants to.

We walked together for a while (the mountain road being too steep to be biked anyway), just chatting away about this and that.

I felt happy to run into someone who was kind of doing something similar to me.

This has only happened one time on this trip so far, when I met my friend 朱辉 (zhu hui) right on the 3rd day.

Speaking of which: we'll see 朱辉 again I'm sure, for his home is just a couple of thousand kilometers further northwest on my route!

王秦 and I had an improvised lunch with boiled eggs and whatever the local farmers had to offer:

Then we parted ways – to each his own speed, to each his own goals.

The following can only be described as pain: Stupid roads, stupid shoes, stupid cold, stupid everything, I thought, ignoring most of the spectacular landscapes.

At some point I had to cross what was indicated as 3000m of road construction work:

Does this give you an idea of the amounts of stupid dust that have surrounded and infiltrated me?

Then, all of a sudden, it was over.

I was in the valley again.

No dust, no serpentine roads. Just a long stretch of (inclining) concrete:

Soundtrack: Agnostic Front – "Crucified (Live)" – total: 2181,2km

Friday, April 25th, 2008
day 169: 搀口 (chankou) = 0 km
/

tea & literature

搀口 seems to consist of only two building rows hugging the highway.

I spent an easy day (*a nice day*) having tea & reading my book outside of a Muslim restaurant:

They served an excellent eggplant (could have gone a bit easier on the grease though).

80km to 兰州 (Lanzhou).

Oh, oh, oh…

Soundtrack: Hankshaw – "Joined In The Sky" – total: 2181,2km

Wednesday, June 18th, 2008
day 223: 东乐 (dongle) – 太平堡 (taipingpu) = 25,3km
/

谢老师 – Teacher Xie

谢建光 (*Xie Jianguang*) comes from 宁波 (*Ningbo*), a place not too far from Shanghai.

I chose to call him 谢老师 – Teacher *Xie* – because he is a true master of walking.

…while certain others run around whining about this and that, and taking sassy pictures with digital cameras, this good man has been walking around China ever since 1983, quietly and modestly.

"I've been everywhere" 谢老师 says and swirls his arms around – then he laughs: "and I've eaten just about everything."

He stopped carrying a backpack at some point during the nineties. That's when he got 林大 (*Linda*).

Wanna know something funny? 林大 didn't even have a name until today.

"What's the name of that cart of yours?" I had asked, and 谢老师 had looked at me in surprise: "Does it have to have a name?"

Why of course! Any good vessel required a good name!

谢老师 thought for a while, then he said: "can you pick a name for me? Maybe something from your country?"

I took a closer look at the cart, examining its body…

It had to be a girl's name of course…

I thought of plump bodies and round smiling faces, of friendliness and good health. I thought of milk and butter and eggs and bread, and I thought of wooden interiors capturing the warmth and protecting it…

Sweden!

Linda! (林大)

谢老师 wanted to know what the name meant, and when I told him that I had thought of a Big Swedish Mama he laughed and asked me to write it down for him.

...

谢老师 is not a tall man.
But he's a big man at heart, who has been trying to spread his ideals of nuclear disarmament and environmental protection wherever he goes.

More facts about 谢老师, he:
– is 49 years old.
– lights the next cigarette with the last one.
– comes from the countryside.
– has only done 5 years of elementary school.
– has spoken in universities on numerous occasions during his travels.
– has a liking for German philosophy, especially Nietzsche and Kant.
– doesn't believe in any religion, but likes to study them.
– got lost for several weeks in the plains of Inner Mongolia once, living on wild herbs and river water.
– wants to stop walking when he is 65, then retire and find a nice lady to settle down with.
– thinks that tomorrow might just be the day he will meet that special lady and stop walking.
– gets money from friends and supporters, helps out as a carpenter whenever he needs quick cash.
– has lost both his index fingers while working as a carpenter.
– calls himself "天下第一疯" – "the first madman under the sun."
– always has a valuable piece of advice:
"Listen, lad" 谢老师 told me when we had dinner that night outside of a restaurant, "just try not to be too foolish. Of course you want to walk all the way home, and I respect that. Hey, I'd be the first to go with you if there was a chance that I could ever get the visa! But you German people just have to learn how to be a bit more flexible!

What are you going to do when you reach the 天山 (Tianshan mountain range in the west of Xinjiang) this winter, when it's -30°C out there and you just can't walk across? You're going to have to find another way then, maybe even take a car or something.

Just remember: *you've set the rules by yourself, and you're always free to change them.*

You can't put yourself in danger. And try not to take too long! The way I see it, your girl is going to wait for you for a while, but nobody can wait forever. What if you finally make it home after five years, and she has already run off with someone else? – So you think you're so awesome for walking all the way and sticking to your principles, but what good is that? It ain't shit!!" he says, and then he laughs, leaning back, lighting another cigarette.

We took another picture with 谢老师's shades on:

"Man, I just look so cool, don't I?"
He said and laughed.

Soundtrack: Wolfgang Amadeus Mozart (Zukerman) – "Violin Concerto No. 3: Allegro"
– total: 2862,7km

Monday, May 19th, 2008
day 193: 河口 (hekou) – 土槽湾 (tucaowan) = 15,6km
/

good food poor loo

Well, it's a long fertile valley, just like an oasis...

... embedded between the arid mountains in the east and in the west.

One of the local specialties they grow here is a kind of rose-bud.

... too bad they had already finished harvesting almost all of it when I got there today:

It must have been *very* pretty to look at just a short time ago.

...

I'm spending the night in a small village that seems to consist of only a dozen houses. There's a small antique shop though:

And they rent out beds in there:

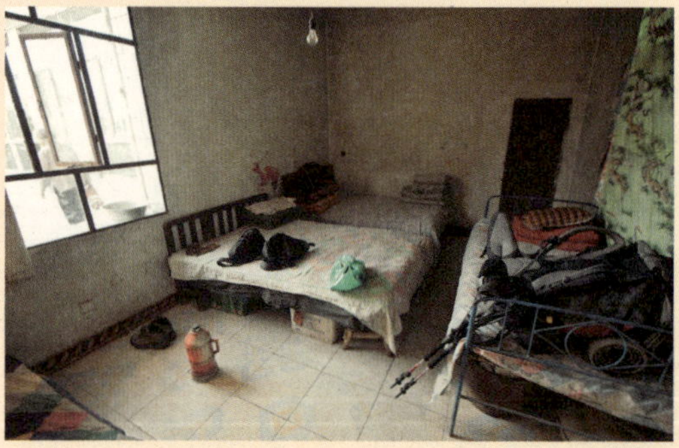

Now here's to everyone who might have gotten some weird ideas about this walking thing being totally *romantic* and all – it's called "find the loo":

Okay, this is an easy one; just step around the litter and the chickens – and make sure not to fall into the pit on the way (hint: never forget to bring your own toilet paper!)

...

And here's to everyone who might have gotten some weird ideas about this walking thing being all lonely and stuff – it's called "dinner with people you've just met":

The lady who runs the antiquities shop/guesthouse put some roses in my room because I had told her that I liked them.

Then we had some authentic countryside *cuisine*:

I guess this is what it comes down to today: *good food poor loo.*

Soundtrack: Christian Cannabich (Grodd) – "Symphony No. 50 in D Minor: Presto" – total: 2359,5km

Wednesday, July 30th, 2008
day 265: [somewhere else in the desert] – 敦煌 (dunhuang) = 43,8km
/
敦煌 – Dunhuang

In the morning, Robozwerg's eyes were much better, but the bike was much worse.

It seemed like it was just kind of slowly falling apart.

The weather had changed for the better though – there was absolutely no wind today.

So we joined in our efforts to push the cucumber and the caboose together.

At some point it was so boring I thought we were like ants in a football stadium:

... little by little ...

... we were making our way through the vast expanse ...

... unsure of how much was still laying ahead.

We almost rolled over a snake once.

... Then, after hours and hours of being bored and singing songs, we got our first glimpse at the sand dunes that were supposed to be ahead.

I tend to like sand much better when it's on a beach though, but maybe that's just me.

There was also this huge construction site that we passed by.

Now if nothing's going on at a construction site in Germany, then it's probably just a lunch break or a holiday. But if nothing's going on at a construction site here in China, then there's probably something *seriously wrong.*

Someone later told me that the Hong Kong company that had started to build this 5-star spa resort out here in the desert 3 years ago was undergoing some "financial difficulties" lately.

To me, the whole thing didn't look like such a good idea from the start, but what do I know.

...

The green stretch of land that forms the oasis of 敦煌 (Dunhuang) started not far from there.

There were flowers:

And we walked past some more ancient ruins on the way:

We made it to the toll station by 9pm:

Our greatest wish was to get to a hotel in the city tonight, just to put an end to the misery of these last few days.

We wanted:
... clean beds,
... a shower,
... yogurts,
... chocolate candy bars,
... cold drinks,
... smiling people to talk to,
...

So we kept on walking through the dark, until the city of 敦煌 finally gave us a warm welcome with all her beautiful lights.

Oh, what a feeling.

Soundtrack: Interpol – "Narc"
– total: 3555,1km

Sunday, October 5th, 2008
day 332: 碗泉 (yiwanquan) –
红山口 (hongshankou) = 47,6km
/

blown away

When I got up and looked out of the door, the other guys were preparing to go to work, and the wind had come.

... the wind that everybody had been talking about.

It's what they call a 风口 (wind gap) – the area between two mountain ranges where the winds have a natural opening to come through.

This one is about 50km wide, the wind almost constantly blows from the north, and today we were exactly in the middle of it.

"This is very dangerous!" 申叔叔 (Uncle Shen) had warned me. Well, I found the whole thing was actually not as bad as some of the storms and sand storms I had been through before.

Nevertheless, it wasn't very comfortable either.

The clouds looked very beautiful though:

... and so did the mountains:

One time I even thought I saw a giant eagle (later I discovered it was a black kite):

A lot of people say eagles are majestic, well are they really?

I never quite understood why people would think that. I mean, eagles drop their poop on the land just like any other old bird, right? ... but today when I saw that thing slowly circling over me and the weather down here, I could kind of understand why people would think that it was in a way majestic. It just didn't seem to care too much for what was going on below. By the way, the camels didn't give a damn about the weather either.

They just stood there, feeding off whatever they could find, nurturing their humps, living the good life.

...

申叔叔 and me walked for hours and hours until we got to a place where the highway construction workers had put up a temporary residence:

This was about the only place where we could hope to find some shelter from the wind, and luckily the workers were very kind to us, and they even offered us some watermelon and tea.

Then suddenly, 申叔叔 had to leave.

I haven't told you yet: he had been developing some kind of allergy over the last few days, we both didn't know what it was, anyways today his whole face had swollen up to a point where he looked at me and said: "This is getting unbearable! I think I'll have to hitch a ride to a hospital in a minute. You'll be alright though lad, just hang in there!"

Then he was gone ...

I was alone with the road and the winds again.

Sometimes I could see some camels slowly traveling through the desert sands, one trailing after the other, just like a merchant caravan from the Ancient Silk Road.

...

You see, today had basically been one giant slope downhill for most of the way:

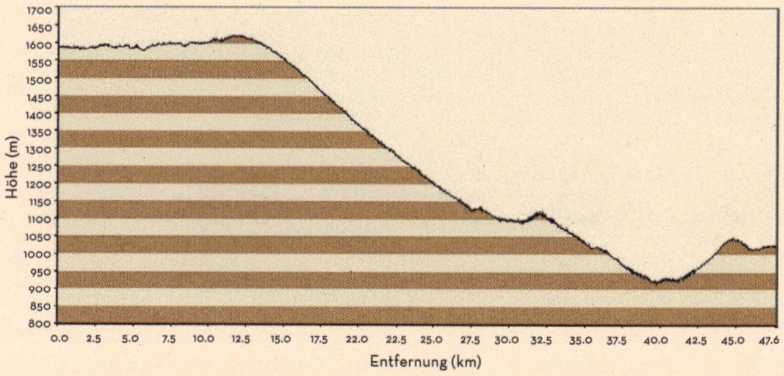

This doesn't mean that walking was very easy though, since I always had the heavy caboose tailgating my ass and pushing me to go faster.

...

But the worst thing was the short uphill towards the end of the day:

It doesn't look like much, does it?

Well let me assure you: given the headwinds, the weight of the caboose and the kilometers I had already walked today, this little slope made me feel absolutely miserable!

Just like yesterday night, there was a small settlement at the top of that hill, so I was determined to make it all the way up, no matter what.

Here's the plan:
– prepare some water bottles and some apples for easy access,
– put in a few songs of blasting metal and set them on repeat,
– divide the road ahead into sections of exactly 1000m each,
– lean forward against the wind and start walking,
– take one step at a time, exactly until one 1000m section is done,
– sit down and have an apple or a drink of water,

– never look ahead, and never look back,
– repeat,
– repeat,
– repeat,
– repeat.

Soundtrack: Sepultura – "Ratamahatta"
– total: 4191,5km

Thursday, October 23rd, 2008
day 350: 达坂城 (dabancheng) –
柴窝堡 (chaiwopu) = 39,1km
/

vain?

I've lost something out there.

Somewhere along the way – I'm not exactly sure where – I've lost something very valuable.

And I'm not even sure what it is.

So much road.

So many hot summer days and cold winter nights.

So many faces.

So many trees and flowers, so many mountains and so much sand …

People have always asked me this one particular question: "don't you ever feel lonely out there, all by yourself?"

And I never used to know what they meant.

But now I do.

…

Soundtrack: Nirvana – "Something In The Way"
– total: 4585,1km

王铁皮电焊

Sommer

Gesamtlänge der Route im Sommer: 742 km

Der Pass des schönen Tals

In Europa gibt es keine Sandwüsten und auch keine Oasen. Vielleicht liegt darin der besondere Reiz, den die Wüsten dieser Welt auf viele europäische Reisende ausüben. Dieses Gefühl, das ich hatte, wenn ich als kleiner Junge auf dem Boden lag, den Kopf in einen Atlas oder ein Abenteuerbuch gesteckt, es ist jetzt wieder da, und es wird stärker, je näher ich der Gobi komme.

«Ich vermute, die Erde bietet – von dem Kontrast zwischen Land und Meer einmal abgesehen – keinen größeren Gegensatz als den zwischen Wüste und Oase», notierte der englische Reisende Peter Fleming beeindruckt, als er 1937 zusammen mit der Schweizerin Ella Maillart und einer Karawane etwas südlich von meiner Route durch diesen Teil Chinas zog. Für mich ist das alles noch unvorstellbar, und ich bin aufgeregt, sie endlich zu sehen, die Gobi mit ihren menschenleeren Weiten.

Sie kommt wie ein Schock.

Wuwei ist die erste der alten Oasenstädte, die sich wie an einer Kette durch die Einöde ziehen. Sie hat mit etwa einer halben Million Einwohner eine angenehme Größe, die Leute verdienen ihr Geld mit Landwirtschaft, mit ein bisschen Industrie und neuerdings auch mit Tourismus. Als ich das Gewimmel der Straßen hinter mir lasse, besteht die Welt noch aus Pappeln und Weizenfeldern, die sich sanft im Wind wiegen.

Dann kommt die Wüste. Ich überschreite eine Linie, und plötzlich ist um mich herum nur noch Geröll und Sand. Es wirkt, als hätte jemand die Landschaft einfach weggeklappt. Die Luft flimmert, eine Eidechse huscht geräuschlos unter einen Stein, einzelne Wolken schweben träge am Himmel. Ich bin froh, wenn ihre Schatten einen Augenblick lang auf mir verweilen. Gelbe Hitze, Wüste, Sommer.

Zum Glück ist dieser erste Abschnitt nur wenige Kilometer lang. Ich marschiere anderthalb Stunden, und als ich wieder grünes, bewohntes Land erreiche, setze ich mich in einen Hauseingang und trinke einen ganzen Liter Wasser. Während es sich kühl in meinem Bauch verteilt und der Schweiß auf meiner Stirn langsam trocknet, wird mir klar, dass ich nicht weiß, wie es weitergehen soll.

Es ist keine Sinnfrage, sondern ein praktisches Problem. Vor mir liegen trockene, unbewohnte Gegenden, die sich nicht nur über fünf oder zehn, sondern über Hunderte von Kilometern erstrecken. Wenn ich sie wirklich zu Fuß durchqueren will, werde ich Vorräte mitnehmen müssen. Doch wie soll ich sie transportieren?

Während der nächsten Wochen trage ich diese Frage mit mir herum. Die Wüstenabschnitte werden größer, die Sonne wird heißer. Links sehe ich die schneebedeckten Gipfel des Qilian-Gebirges, vor mir erstreckt sich das graue Band der Straße. Es ist die

G312, die die Küstenstadt Shanghai mit der Grenze von Kasachstan verbindet, eine Strecke von fast 5000 Kilometern. Manchmal, wenn ich einen Schattenplatz zum Ausruhen gefunden habe und dem Land dabei zugucke, wie es in der Hitze dampft, kommt es mir unglaublich weit weg vor, dieses China, das ich früher einmal kennengelernt habe. Hinter wie vielen Horizonten liegen die Wolkenkratzer von Beijing? Wie lange ist es her, dass ich den Gelben Fluss hinter mir gelassen habe? Wie viele Wüsten werde ich noch durchqueren müssen?

Anstatt sich Sorgen zu machen, ist es besser, sich den Weg in kleine Schritte aufzuteilen und zu genießen, was schön ist: eine baumbestandene Allee, in der die Sonne leuchtende Muster auf den Boden wirft, ein Abendrot, das den Rand der Erde entzündet, das Lachen von Kindern und alten Leuten, das Ankommen in einem Gasthaus, dampfend warmes Essen, frisches Wasser, ein Bett. In meinen glücklichsten Momenten tragen mich meine Füße wie von selbst.

Und irgendwann begegne ich meinem Lehrer. Er sitzt in einem Holzkarren unter einer Eisenbahnbrücke, ein zierlicher Mann mit Hut, etwa im Alter meines Vaters. Er kommt aus einem Fischerdorf an der Ostküste, und am Anfang habe ich Schwierigkeiten, seinen Dialekt zu verstehen, doch das macht nichts, denn wir haben es nicht eilig. Gemächlich laufen wir nebeneinander her und tauschen unsere Erfahrungen aus. Wir sind beide zu Fuß unterwegs, er nur etwas länger als ich.

«Wie lange?», frage ich ihn. Er überlegt kurz, dann sagt er: «25 Jahre.»

Eigentlich war unsere Begegnung ziemlich unwahrscheinlich. Wir sind wie zwei Staubkörner, die auf dem riesigen Tablett der Gobi langsam in die gleiche Richtung geweht werden. Autos, Motorräder und Lastwagen rasen an uns vorbei, und wir könnten auch in einem Abstand von wenigen Tagen hintereinander hergehen, ohne jemals voneinander zu erfahren. Und doch haben wir uns gefunden, mitten in der Wüste.

«Schicksal», sagt Lehrer Xie und lacht.

Ich gucke den Holzkarren an, den er beim Laufen hinter sich herzieht und in dem er auch schläft. Plötzlich weiß ich, was ich brauche.

In der Stadt Zhangye suche ich eine Schweißerwerkstatt und lasse mir einen eigenen Karren bauen. Es dauert einige Tage. Er ist kleiner als der von Lehrer Xie und aus Metall, aber ich kann Gepäck und Proviant in ihm transportieren, also brauche ich keine Angst mehr vor der Wüste zu haben. Ich nenne ihn „Kabutze“ und beklebe ihn mit weißer Folie, damit er sich in der Sonne nicht zu sehr aufheizt.

Dann mache ich mich wieder auf den Weg nach Westen, meinem Lehrer hinterher.

Es geht durch lange Wüstenabschnitte und Oasen. Während sich vor mir ein Horizont nach dem anderen entfaltet, lausche ich den Rädern der Kabutze auf dem Asphalt und dem gleichmäßigen Geräusch meiner Schritte. Das Laufen ist gut, seit ich 30 Kilogramm weniger auf dem Rücken habe, und es wird noch besser, seit um mich herum die Melonen reif werden. Jedes Dorf und jede Stadt rühmt sich damit, die besten zu haben: Wasser-, Netz- und Hami-Melonen, Honig- und Cantaloupe-Melonen. Ich trage Messer und Löffel immer in Griffweite und ein Tuch, um mir damit den Bart abzuwischen.

An einem stillen Nachmittag erreiche ich die 3000-Kilometer-Marke. Um mich herum ist nur Geröll, in der Ferne sehe ich die schneebedeckten Berge. Ich möchte nicht allein tanzen, deshalb setze ich mich an den Straßenrand und warte, bis jemand kommt. Eine Gruppe Fahrradfahrer fährt vorbei, Europäer auf dem Weg nach Beijing. Der polnische Rentner Andrzej hält an. Wir können uns zwar nur mit Mühe verständigen, aber nachdem es mir gelungen ist, ihm mein Anliegen zu erklären, tanzen wir und feiern den Moment, während um uns herum der Wind in der Wüste singt.

Wenig später erlebe ich meinen ersten Sandsturm. Am Anfang ist er nur eine dunkle Wolke, die sich am Horizont bewegt, dann ändert er seine Richtung und kommt auf mich zu. Ich stoße einen kleinen Schrei aus und klammere mich an die Kabutze.

Für die Reisenden der Gobi war der *buran*, der „Sturm“, wie er von den Turkvölkern genannt wird, schon immer eines der spannendsten Erlebnisse, um zu Hause davon zu berichten. Der schwedische Forscher Sven Hedin sprach von «wahren Kometenschweifen auf dem Boden», sein Nachfolger Aurel Stein von einem «Hagel aus Kies und Sandkörnern».

100 Jahre später ist meine erste Begegnung mit ihm nicht ganz so dramatisch. Er tost zwar, reißt an meiner Kleidung und lässt einen Regen aus Steinchen mit lautem Prasseln auf die Kabutze niedergehen, doch er findet nicht genug Sand, um zu dem gefürchteten *kara buran* anschwellen zu können, dem „schwarzen Sturm“, der schon ganze Karawanen und Heere unter sich begraben hat.

Als es vorbei ist und ich die Kabutze wieder loslasse, habe ich rote Flecken an den Beinen. Es sind die Abdrücke der Steinchen, die herumgeschleudert wurden. Ich hätte besser meine lange Hose anziehen sollen.

Lehrer Xie wartet bei der Stadt Jiayuguan auf mich. Sie liegt in einem Engpass des Hexi-Korridors, in einer Art natürlichem Flaschenhals, der von einem Gebirge auf der einen und einer Schlucht auf der anderen Seite gebildet wird. Dahinter branden die staubigen Wellen der Gobi. Ein hoher Lehmwall versperrt den Weg nach Westen. Es ist das Ende der mingzeitlichen Großen Mauer, die sich vom Rand der Schlucht bis zum Fuß des Gebirges zieht. In ihrer Mitte wird sie überragt von einer Festung, die über die Wüste hinwegstarrt. Jiayuguan heißt die Festung, die aus dem 14. Jahrhundert stammt. Von ihr hat die Stadt ihren Namen: „Pass des schönen Tals“.

Früher musste jeder, der ins Reich herein- oder aus ihm hinauswollte, durch die Tore von Jiayuguan hindurch, denn hier lag das Ende der chinesischen Welt. Noch heute nennen die Menschen das Land, je nachdem ob es östlich oder westlich von hier liegt, *kouli* oder *kouwai* – „diesseits“ oder „jenseits des Passes“. Oft bedeutete der Weg nach *kouwai* die Verbannung, und wer die Tore einmal durchschritten hatte, musste damit rechnen, seine Heimat für immer hinter sich zu lassen.

Lin Zexu, einer der bedeutendsten Beamten der Qing-Dynastie, wurde 1842 in die Verbannung geschickt. Als er Jiayuguan passierte, notierte er die folgenden beunruhigten Zeilen: «Die Grate des Qilian-Gebirges stehen schroff und dicht, und die Gobi ist so weit, dass sich selbst noch der Blick in ihr verliert. Wer wagt es, die Berge der Heimat als schwierig zu bezeichnen? Wenn ich zurückblicke, scheinen sie mir nichts als kleine Lehmhäuflein zu sein.»

Heute, 150 Jahre später, ist die Mauer längst durchbrochen, der Weg in den Westen asphaltiert. Jiayuguan ist nicht mehr für seine Garnison bekannt, sondern für seinen Tourismus und seine Stahlindustrie. Trotzdem gehen mir Lin Zexus Worte noch immer sehr nahe. Auch mir kommt es so vor, als ob alle Berge und Wüsten bisher unbedeutend gewesen seien, als ob die echten Herausforderungen noch vor mir lägen. Als ob der Weg nach Hause gerade erst begonnen habe.

Ich bin froh, dass Lehrer Xie bei mir ist, als ich in die Einöde hinaustrete.

Der Wüstenhimmel ist dramatisch. Manchmal türmen sich die Wolken zu Gebirgen auf, dann wieder zerfallen sie in Tausende von zarten Daunen. Manchmal ist der Himmel so gläsern und tiefblau, dass man glaubt, die Sterne aus ihm hervorblitzen zu sehen. Mittags, wenn die Sonne direkt über uns glüht, wird es so heiß, dass unsere Schritte schmatzende Abdrücke im Asphalt hinterlassen, abends verwandelt sich die Welt für einen Moment in ein Meer aus Farben. Dann wird es dunkel und kühl, und die funkelnde Nacht bricht herein.

Wenn wir einen Lagerplatz gefunden haben, ein Stück abseits der Straße, aber auch nicht zu weit von ihr entfernt, schlage ich mein Zelt auf, und Lehrer Xie stellt seinen Karren daneben. Im Schein der Taschenlampe teilen wir unsere Vorräte: Fladenbrote, getrocknete Wurst, Reis, Bohnen und Mais aus der Dose, Wasser. Während der erfahrene Wanderer mir von seinen Erlebnissen erzählt, muss ich immer wieder daran denken, dass er schon fast so lange unterwegs ist, wie ich überhaupt auf der Welt bin.

«Lass sie nicht zu lange warten», sagt er, als ich ihm von Juli erzähle. Er blickt mich eindringlich an, als ob er fürchtet, dass ich ihn nicht verstehe.

Wir verabschieden uns voneinander, als mein Bruder Ruben kommt. Er will mich ein Stück durch die Wüste begleiten, bis in die Oasenstadt Dunhuang vielleicht. Ich hole ihn in Jiayuguan ab und besorge ihm ein Lastendreirad, damit er nicht zu Fuß gehen muss, das habe ich meinem Vater versprochen. Er rollt langsam neben mir her, während ich gehe. Wir haben Strohhüte gegen die Sonne auf und singen Lieder, oft schallt unser Lachen in die Wüste hinein.

Es sind glückliche Lauftage.

zum Sommer im Blog
thelongestway.com

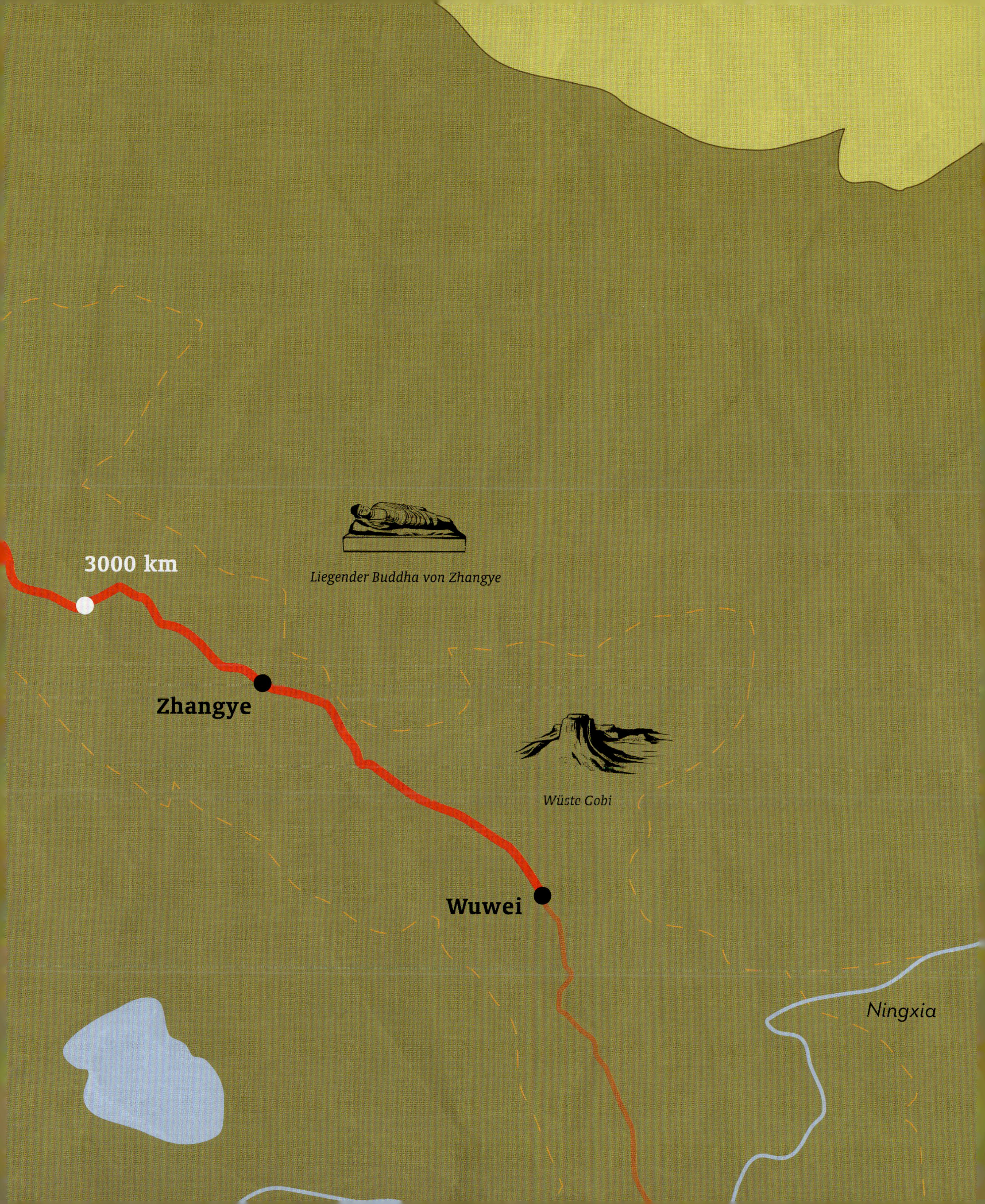

3000 km
Liegender Buddha von Zhangye
Zhangye
Wüste Gobi
Wuwei
Ningxia

山丹 / **Shandan**
38°49'19"N 100°53'60" E

◂ *Der Weizen wird* eingebracht. Am Rand der Felder beginnt die Wüste, dahinter sind in 60 Kilometer Entfernung die schneebedeckten Gipfel des Qilian-Gebirges zu sehen. Sie sind 4000 Meter hoch und bilden den Anfang des Tibetischen Hochplateaus.

永昌 / **Yongchang**
38°15'13" N 101°55'2" E

▴ *Die Frauen asphaltieren* die Straße. Sie sprechen mich an: «Bist du 50?» Als ich antworte, dass ich erst 27 sei, lachen sie. Mein Gang und mein Bart, das passt hier nicht zusammen. In diesem Teil der Welt lassen sich nur alte Männer Vollbärte stehen.

山丹 / **Shandan**

38°40'24" N 101°14'17" E

▾ *Für die Menschen*, die mit ihr leben, ist die Große Mauer häufig nur ein Teil der Landschaft. Sie wird in das Leben eingebunden wie Wälder, Felder und Seen. Manchmal bedeutet das auch, dass sie abgetragen wird, weil sie im Weg ist oder weil jemand etwas Besseres mit ihr anfangen kann. An dieser Stelle wurde ein Durchbruch geschaffen, über den sich vergangene Nomadengenerationen bestimmt gefreut hätten.

丰城堡 / **Fengchengpu**
38°30'45" N 101°23'27" E

▲ *Es gibt sieben Millionen* Esel in China, mehr als irgendwo sonst auf der Welt. Die meisten sind Arbeitstiere oder Fleischlieferanten. Ein bisschen beneide ich den Bauern auf dem Karren um seinen Luxus und um das beruhigende Klappern der Hufe auf dem Asphalt.

永昌 / **Yongchang**

38°16'19" N 101°57'55" E

◂ *Auf dem Wudangshan* lädt mich ein Mönch in seine Zelle ein. An der Wand sind konfuzianische Anekdoten aufgemalt, Menschen haben darüber ihre Namen eingeritzt. Wir trinken Tee. Ich bin überrascht, dass der Berg den gleichen Namen trägt wie das 1000 Kilometer entfernte Wudang-Massiv, in dem die gleichnamige Kampfkunstschule liegt. Das sei Zufall, sagt man mir, hier gebe es keine Kampfmönche.

丰城堡 / Fengchengpu

38°31'42" N 101°23'13" E

◀◀ *Zuerst ist es nur* ein fernes Grollen, verbunden mit einer ungesunden Verfärbung des Himmels. Dann wälzt sich die Gewitterfront die Berge hinunter. Ich stehe ihr in der flachen Weite der Gobi gegenüber, sehe sie auf mich zukommen und habe Angst.

四十里堡 / Sishilipu

38°3'30" N 102°23'23" E

▼ *Kurz nach acht am* Morgen. Auf der Wand ist ein Slogan aus den 1990er-Jahren aufgemalt: 教育必须为社会主义现代化建设服务 – «Bildung muss sich in den Dienst der Modernisierung des Sozialismus stellen.» Die Worte blicken in eine Welt, die nur aus üppigem Grün und sanftem Sonnenschein zu bestehen scheint.

六坝 / **Liuba**

38°6'21" N 102°17'37" E

▲ *Kurz nach eins* am Mittag, wenige Stunden später. Meine erste Begegnung mit der Wüste ist heiß, trocken und hart. Eine Autobahntrasse durchschneidet das Land, der Boden muss früher einmal feucht gewesen sein, jetzt ist er ausgetrocknet und gesprungen.

祁家店 / **Qijiadian**

38°48'30" N 100°59'19" E

▾ *Die Dorfbewohner* haben den Bau ihres Tempels selbst finanziert. Sie laden mich ein, die Nacht in der Stille des Innenhofs zu verbringen. Der Tempel liegt an einem See. Ich finde die Idee furchtbar romantisch.

张掖 / Zhangye
39°3'1" N 100°19'20" E

▼ *Die Allee spendet* angenehmen Schatten. Es sind ruhige Nachmittage wie dieser, die mir das Gefühl geben, dass das Laufen ewig dauern könnte.

祁家店 / Qijiadian
38°48'30" N 100°59'19" E

▸▸ *Tagsüber strahlt der* See hinter dem Dorftempel stille Beschaulichkeit aus, doch nachts wird er zur Abschussbasis für Millionen von summenden Insekten. Aber das weiß ich erst nach der Nacht.

新世纪

张掖/ **Zhangye**
38°55'46" N 100°27'20" E

◀ *In einem der Tempel* in der Altstadt von Zhangye befindet sich der größte liegende Buddha Chinas. Schon Marco Polo beschrieb ihn in seinen Erinnerungen. Er befand sich auf dem Weg nach Osten, als er mit seinem Vater und seinem Onkel hier Rast machte und ein ganzes Jahr lang blieb. Wesentliches sei über den Aufenthalt nicht zu melden, fasste er später lakonisch zusammen. Ich bleibe eine Woche – so lange, bis meine Kabutze fertig ist.

张掖/ **Zhangye**
38°55'33" N 100°27'11" E

▲ *Wandmalerei* auf einer Mauer in Zhangye. Das Bild zeigt die Jungpioniere Chinas beim Fahnengruß. Fast alle Grundschüler des Landes sind Mitglieder, ihr Erkennungszeichen ist das *honglingjin,* das rote Halstuch.

嘉峪关 / Jiayuguan
39°51'3" N 97°56'11" E

▾ *Mit Lehrer Xie in der Wüste.* Links meine Kabutze, rechts sein Karren. Xie transportiert Metallstücke, die er auf dem Weg aufgelesen hat und in der Stadt zu Geld machen will. Hinten auf seinem Karren steht der Leitspruch für diesen Abschnitt der langen Reise: 到天山去、和太阳一起回家 – «Zum Tianshan-Gebirge, gemeinsam mit der Sonne nach Hause.»

嘉峪关 / **Jiayuguan**

39°51'20" N 97°55'11" E

▲ *Wir haben einen* Ort für unser Nachtlager gefunden. Er ist still und abgelegen, im Hintergrund glühen die Lichter einer Ölraffinerie in den Wüstenabend hinein.

玉门 / **Yumen**

40°3'32" N 97°21'52" E

▸▸ *Xie Jianguang* im Sonnenuntergang. Er ist ein Vierteljahrhundert gelaufen und hat dabei mehr als 100 000 Kilometer zurückgelegt.

张掖 / **Zhangye**
38°56'32" N 100°36'20" E

◀ *Lehrer Xie* nennt sich 天下第一疯 – «größter Narr unter der Sonne». Wenn die Leute ihn tatsächlich für verrückt halten, lacht er.

张掖 / **Zhangye**
38°54'28" N 100°40'48" E

▲ *Das Innere des Karrens* dient als Schlafzimmer und Büro, die Küche ist hinten getrennt untergebracht. Lehrer Xie hat Vorräte dabei, etwas zu lesen, Notizbücher, eine kleine Kamera, verschiedene Brillen. Über allem hängt das Bildnis seiner Mutter.

嘉峪关 / **Jiayuguan**
39°51'22" N 97°55'12" E

▶▶ *Westlich von Jiayuguan* zeigt sich die Gobi in ihrer ganzen Weite. Auf Chinesisch wird sie seit mehr als 1000 Jahren auch *hanhai* genannt, „trockenes Meer".

嘉峪关 / **Jiayuguan**
39°58'2" N 97°38'1" E

▲ *Das Schaf steht für* den achten der zwölf Zweige im traditionellen chinesischen Kalender und gehört zu den Tieren, die seit je geschätzt werden. In alten Texten steht sein Schriftzeichen 羊 oft für das Wort Glück. Lehrer Xie lacht, als wir der Herde begegnen: «Die haben noch nie einen Ausländer gesehen!»

南华 / **Nanhua**
39°16'51" N 99°35'36" E

▶ *Das Straßenschild* verspricht ein bisschen kühlenden Schatten in einer ansonsten schattenlosen Welt. Nachdem ich das Bild gemacht habe, rolle ich meine Isomatte darunter aus, trinke ein paar Schlucke Wasser und lege mich hin. Alle paar Minuten muss ich mich bewegen, weil die Sonne ein Stückchen weitergezogen ist, doch das macht nichts. Hier draußen ist jedes bisschen Schatten kostbar.

临清高速
LINQING EXPWY
G312
入口
ENTRANCE

新民堡 / Xinminpu
39°52'43" N 97°50'1" E

◂ *Ma Xueming* ist Vorsteher des Mausoleums von Wuaisi. Er gehört zur Minderheit der muslimischen Dongxiang, die mit den Mongolen verwandt sind und eine eigene mongolische Sprache sprechen.

新民堡 / Xinminpu
39°52'44" N 97°50'0'E

▴ *In der Gebetshalle.* Laut Überlieferung war Wuaisi einer von drei Gesandten des Propheten Mohammed, die im 7. Jahrhundert nach China aufbrachen, um den Islam zu verbreiten. Nur einer erreichte schließlich das Innere des Landes. Wuaisi und sein Gefährte starben auf dem Weg und wurden an Ort und Stelle in der Gobi beigesetzt.

嘉峪关 / **Jiayuguan**
39°48'3" N 98°12'58" E

▲ *Die Festung von Jiayuguan* wurde um 1372 gebaut. Es heißt, der Baumeister habe damals so hervorragend geplant, dass nach der Fertigstellung nur ein einziger Ziegel übrig blieb. Noch heute wird er den Besuchern präsentiert. Er liegt auf einem Mauervorsprung und berichtet stumm von seiner Geschichte.

布隆吉 / **Bulongji**

40°31'58" N 96°31'37" E

▲ *Mit Ruben komme* ich in ein Dorf in der Gobi. Es liegt an einem Flüsschen, umgeben von grünen Feldern und Bäumen. Wir stellen die Kabutze und das Transportdreirad im Innenhof eines Bauernhauses ab und fragen nach einem Zimmer.

嘉峪关 / **Jiayuguan**

39°51'12" N 98°10'19" E

▶▶ *Nachbau einer Stupa* am Fuß der Großen Mauer. Mit den Gebetsfahnen zusammen ist sie ein Zeugnis der Macht der tibetischen Yarlung-Dynastie, die sich einst bis hierher erstreckte.

FROM
BEIJING
BAD
NENNDORF
CHRIS
REHAGE

Herbst

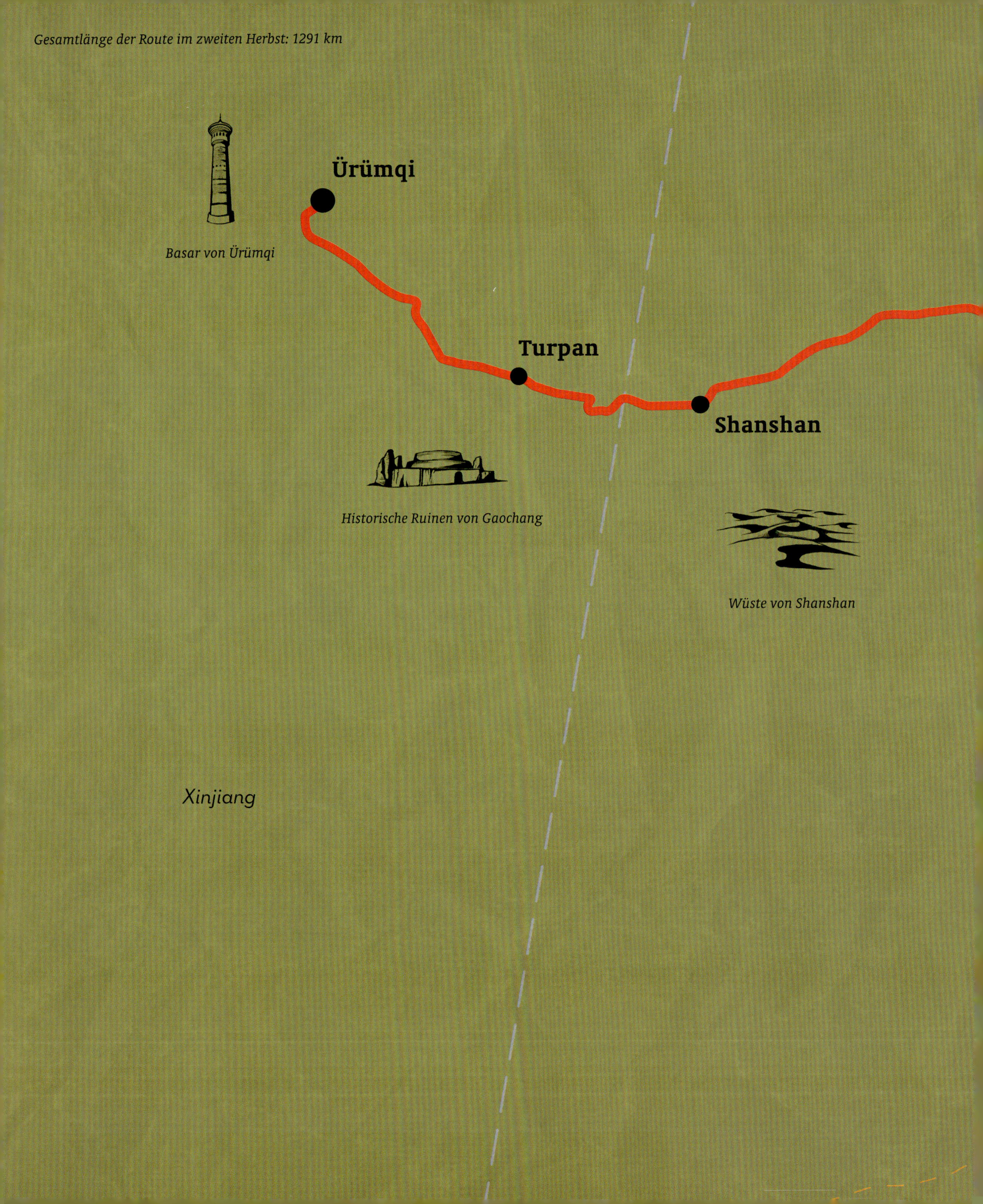
Gesamtlänge der Route im zweiten Herbst: 1291 km
Ürümqi
Basar von Ürümqi
Turpan
Shanshan
Historische Ruinen von Gaochang
Wüste von Shanshan
Xinjiang

Am Ende von Himmel und Erde

Dunhuang. Es fühlt sich seltsam an. Ich habe Ruben zum Flughafen nach Beijing gebracht, meinen neuen Pass abgeholt und Julis Familie im Süden besucht. Ich habe gegessen, geschlafen und die heißesten Tage im Schatten verbracht. Über alledem ist fast ein ganzer Monat vergangen.

Am fünften September treffe ich wieder in Dunhuang ein. Ich warte einen Sandsturm ab, dann gehe ich los, denn ich will so schnell wie möglich weiter nach Nordwesten, durch die Gobi hindurch. Zentralasien ist nicht mehr weit entfernt. Während ich auf die Straße hinaustrete und die Kabutze hinter mir herrollt, denke ich darüber nach, ob es das Laufen war oder doch eher das Land, das ich vermisst habe.

Dunhuang ist die letzte der Oasenstädte im Hexi-Korridor, und für mich ist sie die schönste von allen. Hier gibt es Dünen, von denen es heißt, man könne sie im Wind singen hören, einen See, der als „Mondsichelquelle" gepriesen wird, und die Mogao-Grotten, in deren Kammern sich vor mehr als einem Jahrtausend indische, persische, hellenistische und chinesische Einflüsse zu einzigartigen Werken buddhistischer Kunst verschmolzen haben. Dabei wirkt die kleine Stadt die meiste Zeit so ruhig und friedlich, als ob sie ihre Besucher spüren lassen möchte, wie kostbar es ist, in einer Oase zu sein.

Ji Xianlin, einer der bedeutendsten chinesischen Asienforscher, kam Anfang der 1980er-Jahre hierher. Er war bereits ein alter Mann, doch der Ort berührte ihn so sehr, dass er schrieb: «Ich muss weiter, durch dies alles hindurch. Und dabei wünschte ich, ich könnte nur mit meinem Körper fortgehen, dafür aber mein Herz hier zurücklassen, in Dunhuang.» So hat diese Oase schon immer Besitz von denjenigen ergriffen, die sie besuchten. Auch ich spüre ihren sanften Griff.

Ich verlasse Dunhuang in Richtung Nordosten, und es dauert nicht lange, bis ich meiner ersten Herde Kamele begegne. Es sind große, braune Tiere, sie liegen an einem Wasserloch. Als ich näherkomme, gucken sie mich empört an, dann erheben sie sich und stapfen eins nach dem anderen in die Wüste davon. Ich bleibe zurück, betrachte die Abdrücke ihrer Hufe im Boden und ihre Silhouetten am Horizont. Es kommt mir vor wie ein Traum, wie das letzte Geschenk der Oase, bevor ich durch die Wüste muss.

Waren es nicht Momente wie dieser, die ich suchte, als ich damals meine Wohnung in Beijing verließ?

«*Diguang renxi*», sagen die Leute hier, wenn sie ihre Heimat beschreiben: «Das Land ist weit, und die Menschen sind rar.» Die Straße schneidet wie eine Klinge durch die Landschaft, bis zum Horizont sehe ich nur Sand und Geröll. Ganz selten taucht das erstaunte

Gesicht eines Lastwagenfahrers auf, der in seinem Stahlgefährt an mir vorbeidonnert. Sonst ist alles still, bis auf den rastlosen Wind.

Abends schlage ich mein Zelt zwischen den Steinen auf. Ich habe genügend Vorräte dabei, doch besonders das Wasser wird schnell weniger, denn der September ist bedeutend heißer, als ich angenommen hatte. Einmal bilde ich mir abends ein, zehn Liter an einem einzigen Tag getrunken zu haben. 40 Liter habe ich mindestens immer dabei.

Das Schlimmste aber ist, dass es keinen Schatten gibt. Wenn die Luft in der Hitze flimmert und die Wüste zur Bratpfanne wird, lege ich mich mit dem Kopf unter die Kabutze, um ein bisschen Schutz vor der Sonne zu haben.

Ich erreiche den Xingxingxia-Pass. Er trägt den romantischen Namen „Sternenschlucht", weil er in einer Enge des Gebirges zwischen Gansu und Xinjiang liegt und sein quarzhaltiges Gestein dafür bekannt ist, dass es im Mondlicht sanft schimmert. Der Ort selbst lädt nicht gerade zum Träumen ein: Werkstätten, Tankstellen, ein Imbiss, ein Kiosk, eine Polizeistation. Die Bewohner leben vom Durchgangsverkehr. Jeder Lastwagen, der hierherkommt, wird von den Behörden gewogen und inspiziert, und die meisten Fahrer nutzen die Gelegenheit, um etwas zu essen oder Reparaturen durchzuführen. Ich bleibe einen Tag und ruhe mich aus. Bedauernswert ist nur, dass ich keine Gelegenheit zum Duschen finde. Es heißt, die Leute fahren dafür nach Hami.

Bis dorthin sind es 200 Kilometer. Als ich Xingxingxia verlasse, umfängt mich die heulende Wildnis. Staubteufel tanzen durch dunkle Berglandschaften, die Straße schlängelt sich langsam nach unten, der Wind faucht gehässig.

Ich treffe auf Lehrer Xie. Er kommt mir aus der anderen Richtung entgegen, gut gelaunt wie immer. Wir schlagen zusammen unser Nachtlager auf, und er berichtet mir davon, wie er Xinjiang durchwandert hat: von Melonen, Basaren, von geschenkten Hühnern und von der Freundlichkeit der Menschen. Vor zwei Dingen soll ich mich jedoch in Acht nehmen, warnt er mich eindringlich. Das erste ist der Wind – ein paar 100 Kilometer weiter hat ihn ein Sturm mitsamt seinem Karren umgeworfen.

Und das zweite ist meine eigene Starrköpfigkeit.

Die vier Tage nach Hami sind das härteste Stück meines Weges: fast 200 Kilometer staubige Wüstenstraße, und nicht der Hauch einer Besiedlung. Als ich die alte uighurische Stadt endlich erreiche, erschlägt sie mich fast mit ihren Farben und Gerüchen, mit ihrer Geräuschkulisse aus Stimmen, Verkehrslärm und Musik. An den Straßenständen werden Nang-Brote verkauft, Menschen laufen durcheinander, sie gehen zur Moschee, zum Markt, ins Restaurant oder ins Kaufhaus, und nie ist es still. Ich bin froh über die lebendige Atmosphäre.

Auf dieser Seite von Hami wirkt die Welt wieder freundlicher. Kurze Wüstenabschnitte wechseln sich ab mit Dörfern und Feldern, hier weiden Schafherden und Pferde, im Norden stehen die Schneegipfel des Tianshan-Gebirges Spalier. Ich begegne Uighuren, die kein Chinesisch können, und Chinesen, die mich für einen Uighuren halten. Meistens habe ich die Taschen voller Früchte, die mir zugesteckt werden, denn es sind die letzten Tage der Traubenlese. An der 4000-Kilometer-Marke tanze ich. Ich bin glücklich, denn ich weiß, dass das Schwierigste hinter mir liegt und ich nach mittlerweile fast einem Jahr unterwegs zumindest eines halbwegs gelernt habe: das Gehen. Es fühlt sich beinahe schon leicht an.

Bei der Kohlemine von Sandaoling bekomme ich Besuch von Onkel Shen. Er ist ein pensionierter Bahnarbeiter aus Ürümqi, den ich vor einigen Monaten kennengelernt habe. Damals war er mit dem Fahrrad unterwegs in den Süden, jetzt will er mich ein Stück durch seine Heimat begleiten. Ich bin froh über seine Gesellschaft.

Wir überqueren ein niedriges Gebirge. Es ist so steinig, hart und menschenleer wie die schwarze Gobi bei Xingxingxia, und wir müssen lange Etappen zurücklegen, um Übernachtungsgelegenheiten zu finden. Wenn Onkel Shen langsam neben mir herrollt, erinnert mich das Sirren seines Fahrrads oft an Zhu Hui, meinen ersten Freund auf dieser Reise. Auch sein Zuhause ist nicht mehr fern.

Gemeinsam passieren wir eine der „Windscharten", vor denen Lehrer Xie mich gewarnt hat. Eine Lücke im Gebirge, durch die der Nordwind mit solcher Macht strömt, dass er manchmal selbst für Lastwagen und Züge bedrohlich werden kann. Doch wir haben Glück. Es ist zwar stürmisch, aber wir kommen durch.

Als Onkel Shen und ich einander schließlich Lebewohl sagen, muss ich an die vielen Abschiede zuvor denken: an Zhu Hui, an Ruben, an Lehrer Xie. An Juli. Ich sehe meinem Freund dabei zu, wie er in der Ferne langsam immer kleiner wird. Schließlich ist er weg, und die Stille der Wüste schwappt über mir zusammen wie ein kühler Ozean. Es sind noch 150 Kilometer bis nach Shanshan.

Uighurenland: Fladenbrot aus dem Ofen, Grillfleisch vom Spieß, durchlöcherte Trockenhäuser, in denen Weintrauben gedörrt werden, Lehmdörfer, die in tiefen Schluchten versteckt sind. Ich sehe lange Bärte und bunte Kopftücher, Augen, die grün und blau schimmern, hier und da sogar hellblondes Haar. Vorbeter schächten aus Gastfreundschaft ein Huhn, und der Fortschritt kommt in Form von Touristen, die alles auf einmal sehen wollen und mit blitzenden Kameras hantieren. Manchmal fühle ich mich allem zugleich nah und fern.

Ich bin in Turpan, in einem Hotelzimmer mit weißer Bettwäsche und Klimaanlage, als Juli anruft und sagt, dass sie nicht mehr warten kann. Es ist ihr egal, ob ich zu ihr zurückkomme oder nicht, zu Fuß oder mit dem Flugzeug, in einem Jahr oder in einem Tag. Sie hat aufgehört, auf mich zu warten.

Ich liege auf dem Bett und starre die Decke an. Es ist still. Mein Bart, meine Fotos, meine erlaufenen Kilometer und mein Plan, sie sind noch bei mir. Ich wollte zu Fuß bis nach Hause gehen, um jeden Preis.

Plötzlich weiß ich, dass etwas passieren muss.

An einem grauen Morgen wische ich mir die Tränen aus den Augen und verlasse Turpan. Ich will nach Norden, in die Provinzhauptstadt Ürümqi, dort gibt es einen Flughafen. In der Windscharte von Dabancheng gerate ich in einen der berüchtigten Stürme. Ich ziehe die Kabutze tief gebückt und sehe aus den Augenwinkeln die Landschaft an mir vorbeiziehen. Sie wirkt auf mich wie ein fremder Planet.

«In den Senken der Wüste sinkt dem Reisenden der Mut, denn Himmel und Erde scheinen um ihn herum zusammenzufallen», schrieb Cen Shen, ein Dichter der Tang-Dynastie, entsetzt über dieses Gebiet. Damals war die Welt in der Vorstellung der Menschen ein Viereck, über dem der Himmel wie eine runde Scheibe lag. Sie musste irgendwo ein Ende haben, doch Cen wusste, er war ihm nicht einmal nahe gekommen. «Es heißt, dass die Welt irgendwo einen Endpunkt hat, doch ich bin bis in die Westgebiete des Reiches gekommen, und selbst von dort aus ging es noch weiter nach Westen.»

Vielleicht bringt es nichts, nach dem Endpunkt der Welt zu suchen. Vielleicht haben manche Wege kein Ende.

Als ich Ürümqi erreiche, bin ich wieder im Herbst. Die Blätter sind gelb, Obst und Gemüse liegen auf den Marktständen, der Himmel ist frisch und weit. Das Land hat sein schönstes Kleid angelegt, wie damals, als ich losgegangen bin. Onkel Shen und Zhu Hui warten auf mich. Als sie mich in einem Friseursalon von meinem Bart und meinen Haaren befreien lassen, entfährt es Onkel Shen: «Du bist ja wirklich noch ein kleiner Junge!» Dann bringen sie mich zum Flughafen.

Ob ich wiederkomme, fragen sie. Ich weiß nicht, was ich sagen soll. Ich denke an Juli.

Vor fast genau einem Jahr habe ich in Beijing die Tür hinter mir ins Schloss fallen lassen, an meinem 26. Geburtstag. Ich bin gelaufen, habe Freunde gefunden, ein paar Kilogramm Gewicht verloren und dabei gelernt, wie man zu Fuß geht.

Kurz bevor das Flugzeug abhebt, rufe ich Lehrer Xie auf seinem Handy an und sage ihm, dass ich zurückfliege, um etwas zu suchen, das mir verloren gegangen ist. Er lacht, dann schreit er etwas in den Hörer, das ich nicht sofort verstehe. Es dauert einen Moment, dann verstehe ich es doch.

«Du hast es bereits gefunden.»

zum zweiten Herbst im Blog
thelongestway.com

4000 km
Hami
Königsmausoleum von Hami
Xingxingxia
Passstraße von Xingxingxia
Liuyuan
Dunhuang
Gansu
Kamele der Gobi

三道岭 / Sandaoling
43°17'22" N 92°14'59" E

▾ *Viele der Kamele* laufen frei in der Gobi herum und werden von den Bauern nur eingesammelt, wenn die Zeit ihrer Schur gekommen ist.

柳园 / Liuyuan
41°2'41" N 95°26'6" E

▸ *In der Nähe* der kleinen Minenstadt Liuyuan, in 1700 Meter Höhe, sind die Berge fast schwarz. Jemand hat aus Steinen ein Herz zusammengelegt, vielleicht als Bekenntnis. Als ich in Liuyuan ankomme, gucke ich mich um und überlege, wer der oder die Liebende sein könnte.

星星峡 / Xingxingxia

41°47'20" N 95°7'58" E

◂ *Die „Sternenschlucht“* 星星峡 wird manchmal auch „Affenschlucht“ 猩猩峡 genannt. Nach einer alten Geschichte geht dieser Name auf den General Zuo Zongtang der Qing-Dynastie zurück, der im späten 19. Jahrhundert eine Armee über den Pass nach Westen führte. Der zähe alte General soll so angewidert von der trostlosen schwarzen Gobi gewesen sein, dass er in seinen Aufzeichnungen das Schriftzeichen 星 „Stern“ durch das gleichlautende Zeichen 猩 „Affe“ ersetzte.

柳园 / Liuyuan
41°33'25" N 95°18'15" E

◀ *Herr Niu lebt mit* einem Kollegen und zwei Hunden als Aufpasser in den Ruinen der Goldmine Malianjing. Es gibt keinen Strom und keinen Kontakt zur Außenwelt, einmal in der Woche bringt ein Lieferwagen Vorräte. Als ich ihn frage, wozu die verlassene Mine Aufpasser brauche, lacht er: «Sonst würde doch alles wegkommen!»

骆驼圈子 / Luotuojuanzi
42°40'20" N 94°0'50" E

▲ *Ich bin aus der* Wüste gekommen und furchtbar staubig, ich habe lange Haare und einen Bart. Außerdem spreche ich mit einem Akzent, den man hier draußen selten hört – dem eines Ausländers. Die beiden Kinder finden mich überaus unterhaltsam.

骆驼圈子 / **Luotuojuanzi**

42°31'46" N 94°9'18" E

▲ *Das erste Haus* nach fast 200 Kilometern Wüste. Es ist alles in einem: Reifenservice, Werkstatt, Kiosk und Imbiss. Ich habe Hunger, aber der Koch hat schon Feierabend gemacht.

骆驼圈子 / Luotuojuanzi
42°40'15" N 94°0'56" E

▾ *«Fleisch!», rufe ich,* als ich ein Restaurant finde, das geöffnet hat. Ich war vier Tage lang in der Wüste und habe nichts als Bohnen gegessen. Der Koch lächelt und bedeutet mir zu warten. Dann bekomme ich mein Essen. Es ist köstlich.

哈密 / Hami
42°48'40" N 93°29'13" E

▸▸ *Das Mausoleum der* Königsfamilie von Hami ist eine einzigartige Verbindung aus han-chinesischen, mongolischen und islamischen Baustilen. Hami war mehrere Jahrhunderte lang uighurisches Königreich von Pekings Gnaden. Es hörte auf zu existieren, als 1930 der letzte König starb. Heute zeugen nur noch die Altertümer und der Stolz der Einwohner vom Glanz vergangener Zeiten.

三道岭 / **Sandaoling**
43°7'56" N 92°40'7" E

◂ *Straßen und Schienen* führen in die Schwärze der Kohlemine von Sandaoling hinein. Tief im Inneren schwelen ewige Kohlebrände. Sandaoling hat 30 000 Einwohner, die alle mehr oder weniger von der Mine leben.

三道岭 / **Sandaoling**
43°7'43" N 92°40'0" E

▴ *Die Kohlebahn* Nummer 8195 auf dem Weg in die Grube. China war bis Ende der 1980er-Jahre das letzte Land der Welt, in dem noch Dampflokomotiven gebaut wurden. Heute sieht man sie nur noch als Ausstellungsstücke oder an Orten wie diesem.

哈密 / Hami
42°53'60" N 93°30'6" E

◂ *Dunkler Rauch* steigt in der Nähe der Ölstadt Tuha auf. Tausende von Angestellten leben hier in einer künstlichen Siedlung. Jeden Tag sehe ich sie in großen Bussen an mir vorbeifahren, zu ihren Arbeitsplätzen in der Wüste und zurück.

三道岭 / Sandaoling
43°22'40" N 92°07'34" E

▾ *Die Straßenarbeiter* in den Bergen haben Onkel Shen und mich für die Nacht in ihrer Baracke aufgenommen. Zigaretten gehen herum, es werden nicht viele Worte gemacht. Wir stehen mit der Sonne auf, waschen uns und ziehen weiter.

星星峡 / **Xingxingxia**
41°40'39" N 95°12'28" E

◂ *Die Luft flimmert,* es ist heiß. Ich blicke über die Landschaft hinweg, und das Erste, was ich sehe, ist der Hügel, durch den die Straße schneidet. An seinem Fuß ist ein bisschen Schatten. Meine Schritte werden schneller.

鄯善 / **Shanshan**
43°17'44" N 91°19'14" E

▾ *Lius und Yangs Werkstatt* liegt an der Wüstenstraße. Zwei Familien aus Shaanxi wohnen hier, die sich ihr Geld mit Lastwagenreparaturen, besonders mit dem Ausbessern von Reifen, verdienen. Niemand fährt durch die Gobi, ohne sicherzustellen, dass alle Reifen und Ersatzreifen in Ordnung sind. Die Qualitäten der Reifenflicker aus der Provinz Shaanxi sind im ganzen Land bekannt.

鄯善 / **Shanshan**
43°9'48" N 90°56'15" E

▲ *Morgens im Wohnraum* von Yus Werkstatt. Im Fernsehen wird eine Ansprache der Regierung übertragen. Wir trinken Tee, der Generator brummt, draußen brennt die Sonne auf das Geröll der Gobi herab. Beijing ist weit weg.

连木沁 / **Lianmuqin**
42°53'19" N 89°56'0" E

▲ *Nang-Verkäufer am* Straßenrand bieten das Grundnahrungsmittel der Uighuren an, bei denen ein Spruch besagt: «Lieber ein Tag ohne alle anderen Speisen als ein Tag ohne Nang.» Auch ich liebe die flachen Brote, sie erinnern mich ein bisschen an zu Hause. Außerdem sind die Fladen sehr praktisch, denn in der trockenen Luft sind sie nahezu unbegrenzt haltbar.

鄯善 / **Shanshan**
43°9'48" N 90°56'15" E

▲ *Die Frau des Reifenflickers* Yu will mit ihrer Familie nicht ewig an diesem Ort bleiben, dafür vermisst sie ihre Heimat Shaanxi zu sehr. Außerdem bietet die Gobi nicht sehr viele Freuden. Es gibt kein fließendes Wasser, der Strom kommt aus dem Generator, die nächsten Menschen wohnen 30 Kilometer entfernt. Aber, sagt die Frau mit einem Leuchten in den Augen, ihr Sohn geht auf die Universität!

三道岭 / **Sandaoling**

43°15'27" N 92°21'41" E

◂ *Die Oase von Liaodun* ist eine der schönsten auf meinem Weg, und mit nur ein paar 100 Metern Breite ist sie auch eine der kleinsten. Sie besteht aus einem Wasserloch, einem eingefallenen Wachturm und ein paar Lehmhäusern. Als Onkel Shen und ich sie erreichen, begrüßen uns nur ein paar Tiere, sonst ist alles still.

吐鲁番 / **Turpan**
42°51'19" N 89°31'35" E

◀◀ *Über den Ruinen* der Stadt Gaochang herrscht Dämmerung. Als der chinesische Mönch Xuan Zang diesen Ort im 7. Jahrhundert besuchte, betrat er eines der reichsten und wichtigsten Handelszentren der Seidenstraßen. Doch auch ihre zehn Meter hohen Mauern konnten die Stadt nicht vor den Mongolen bewahren. In der zweiten Hälfte des 13. Jahrhunderts legten sie sie nach halbjähriger Belagerung in Schutt und Asche.

鄯善 / **Shanshan**
42°53'54" N 89°43'54" E

▼ *Die Tuyu-Schlucht* liegt tief in den „Flammenden Bergen". Der Gebirgszug trägt diesen Namen nicht nur wegen seines Aussehens, sondern auch, weil es im Sommer hier unerträglich heiß wird. Das Grün am Grund der Schlucht kommt mir vor wie ein kleines Paradies.

鄯善 / **Shanshan**

42°50'30" N 90°13'9" E

▲ *Die wandernden Dünen* der Kumtag liegen wie ein gelber See inmitten der Gobi. Ihr Name kommt aus den Turksprachen und bedeutet „Berge aus Sand“. Ich laufe eine Zeit lang in den Dünen herum, dann kehre ich zurück zur Straße, froh darüber, dass mein Weg an den Sandwüsten vorbeiführt.

鄯善 / Shanshan
42°51'28" N 89°41'32" E

◂ *Am Grund der Tuyu-Schlucht* liegt ein kleines uighurisches Dorf. Vor fast einem Jahrhundert hat der deutsche Archäologe Albert von Le Coq eine Zeit lang hier gewohnt und seine Forschungen betrieben. Danach herrschte lange Ruhe, die Schlucht war wie abgeschnitten von der Außenwelt. Jetzt öffnet sich das Dorf für den Tourismus.

吐鲁番 / Turpan
42°51'31" N 89°31'51" E

▴ *Wir blicken einander* an, das blonde uighurische Mädchen und ich, und wir staunen. Viele Uighuren sagen von sich selbst, dass sie westlicher aussehen als ihre Nachbarn, die Kasachen und Kirgisen. Auch ich werde manchmal für einen von ihnen gehalten.

达坂城 / Dabancheng
43°1'1" N 88°53'59" E

▸▸ *Das letzte Stück* meines Weges führt durch die Windscharte von Dabancheng. Es stürmt, die Landschaft sieht aus wie auf dem Mond. Auf der anderen Seite der Berge wartet Ürümqi auf mich. Ich komme wieder dort an, wo ich vor einem Jahr losgegangen bin: im Herbst.

Sol
7538-BRZ
ÜZEMZAVAR!

«Bald bin ich bei Dir,
und dann wollen wir plaudern;
von manchem mehr als ich geschrieben habe,
von manchem weniger»

Johann Gottfried Seume, 1802

FAQ (Frequently Asked Questions)

Hier sind Antworten auf einige der Fragen, die mir während der vergangenen Jahre oft gestellt wurden:

Was machst du? Ich studiere Sinologie, Russische Literatur und Geschichte. Ich bin wieder an meine alte Universität in München zurückgekehrt. Das Schreiben und Studieren füllt mich voll aus, und ich habe den Eindruck, dass Schreiben noch schwieriger ist als Laufen. Nimm einen Stift – und schreibe. Zieh dir die Schuhe an – und laufe. Beides klingt sehr einfach, aber das ist es in Wirklichkeit nicht.

Wie bist du auf die Idee für diese Wanderung gekommen? Die Idee, von Beijing aus nach Hause zu laufen, setzte sich während meines Studiums an der Filmhochschule in Beijing in meinem Kopf fest. Im Sommer des Jahres 2003 war ich einmal zu Fuß von Paris aus in meine Heimat in Deutschland zurückgelaufen – eine kleine Wanderung von rund 800 Kilometern, für die ich weniger als einen Monat brauchte. Aber dieser Fußmarsch war etwas Besonderes für mich. Ich erinnerte mich daran, wie es war, auf der Straße unterwegs zu sein und zu überlegen: Wo werde ich übernachten? Was werde ich essen? Es waren nicht die metaphysischen Fragen, die mich beschäftigten, keine großen Sorgen, nur praktische Probleme, die es zu lösen galt. Das fühlte sich gut an.

Gibt es noch etwas, was das Laufen so angenehm macht? Ich gehe gern zu Fuß, weil es mir das Gefühl vermittelt, *meinen Weg zu bestimmen*. Wann immer ich irgendwo langlaufe, erinnere ich mich nicht nur an den Weg, sondern habe auch das Gefühl, dass ich eine Legitimation besitze, dort zu sein. Wenn ich mit der Bahn an einen Ort reise, bin ich ein Tourist. Aber wenn ich zu demselben Ort zu Fuß gehe und der Ort plötzlich mir gehört, wir zusammengehören, fühle ich mich nicht länger als Fremder. Dieses Gefühl gefällt mir. Am schlimmsten sind für mich Busse. Ich hasse sie, weil ich zu groß bin, um mich darin wohlfühlen zu können. Außerdem kannst du im Bus nicht mal ein Buch lesen, ohne dass dir schlecht wird.

In welcher Gemütsverfassung warst du? Es war ganz genauso, wie es an jedem anderen normalen Tag sein würde. Manchmal denkst du an etwas. Manchmal denkst du an nichts. Manchmal machst du dir Sorgen – um Reisepässe, Gefahren, Schmerzen, Verwandte und geliebte Menschen. Und in anderen Momenten wanderst du leichten Fußes dahin und singst in der Wüste Lieder. Manchmal ist es auch langweilig. Und manchmal fühlst du dich im Einklang mit dir selbst.

Wie hat diese Wanderung dein Leben verändert? Ich habe gelernt, wie man läuft und wie man mit dem Laufen aufhört. Was will ich mehr?

Hat dein Bart irgendeine symbolische Bedeutung? Nein.

Warum hast du beschlossen, deine Wanderung im Internet zu veröffentlichen? Ich war vorher schon gelaufen, von Frankreich nach Deutschland, in Italien und in China. Aber dieses Mal wollte ich es auch dokumentieren und den Blog dazu benutzen, um mit meinen Freunden in Kontakt zu bleiben.

Was trieb dich an, was half dir dabei, immer weiterzugehen? Gab es nicht einen Moment, in dem du dachtest, was für eine Selbstquälerei? Ich bin mir nicht sicher, was mich angetrieben hat. Manchmal entwickelt man so eine Art innere höhere Instanz, die einem sagt, was man zu tun hat. Und, ja, manchmal habe ich mich tatsächlich gefragt, tief im Inneren, ob ich mich nicht einfach selbst quälte. Aber dann entschied ich mich jedesmal fürs Weitergehen.

Hast du während deiner Reise nach einem tieferen Sinn gesucht? Hast du gefunden, wonach du gesucht hast? Oder stellte es sich als anders heraus, als du es dir gewünscht hattest? Ich liebe diese Reise, all die Schmerzen, all die Verwirrung, all die Glücksgefühle. Es war ein Jahr mit einem guten Leben. Mehr, als ich jemals erwartet hatte.

Welche Kamera hast du benutzt? Zwei Gehäuse der ersten Generation von Canon 5D. Ein Gehäuse mit einem 16–35mm 2.8, das andere mit einem 70–200mm 2.8 IS Objektiv.

Wie viele Fotos hast du insgesamt gemacht? Ich habe mehr als 30 000 Bilder aufgenommen.

Einen Rat, den du aus deiner Erfahrung zum Laufen geben kannst? Nimm es leicht und vergiss nicht: Du bist dein eigener Herr!

Kannst du den Prozess beschreiben, den du durchläufst, um dich auf so eine Reise zu Fuß vorzubereiten? Ich habe mich ein Jahr lang darauf vorbereitet. Im Grunde genommen geht es darum, dich so schlau wie möglich über die Orte und Menschen zu machen, die du besuchen möchtest. Ich wandte mich an die deutschen Botschaften in der ganzen Welt, wühlte mich durch die Kartenarchive diverser Bibliotheken und las Bücher, Bücher und nochmals Bücher. Dann war ich ausgerüstet. Dann ging ich los.

Wie hat die Existenz deiner Internet-Seite deine Reise beeinflusst? Hast du ein paar Ratschläge für einen Reisenden, der seinen eigenen Reise-Blog starten möchte? Also, das war sehr VIEL Arbeit. Aber es half mir auch dabei, organisiert zu bleiben. Und ich lernte, mich während des Weges auf meine kleinen Geschichten sowie meine Fotos zu konzentrieren. Einige der Kommentare auf meiner Seite waren nützlich, sogar in praktischer Hinsicht, oder sie haben mir Mut gemacht. Wenn du dir einen eigenen Reise-Blog einrichten möchtest, glaube ich, dass es wichtig ist, ehrlich zu sich selbst und zu seinen Lesern zu sein.

Während deiner Reise hast du offensichtlich viele fremde Menschen getroffen. Hast du ein paar Tipps für andere Reisende, die Leute treffen wollen und an neuen Orten Freundschaften schließen möchten? Um nur ein Beispiel zu nennen, ich habe mich immer an die Regel gehalten: NIEMALS EINE EINLADUNG ABLEHNEN. Du weißt, wie das ist, wenn jemand dir etwas anbietet, etwa eine Tasse Tee oder was auch immer, dann bist du fast immer geneigt, mit höflichem Kopfschütteln zu verneinen und zu sagen: «Danke. Aber nein, danke». Das ist jedoch keine sehr geeignete Methode, um Freundschaften zu schließen und Spaß zu haben. Andererseits kannst du natürlich auch nicht jede Tasse Tee annehmen, die dir während des Weges angeboten wird, aber du kannst es zumindest versuchen. Und dann wirst du anfangen, ein glücklicher Reisender zu sein.

Welchen wichtigsten Rat würdest du jemandem geben, der sein eigenes Reiseabenteuer starten möchte? Es klingt vielleicht ein bisschen kitschig, aber hier ist er: Geh einfach los! Nur vier Schritte, und deine Reise hat begonnen.

Impressum

CHINA ZU FUSS

THE LONGEST WAY

Texte und Fotografien: Christoph Rehage

Veröffentlicht von National Geographic Deutschland, Hamburg 2012

Konzept: Glenn Vincent Kraft, Janet Riedel, Alexandra Schlüter
Gesamtgestaltung: Glenn Vincent Kraft, kplusw.de; Janet Riedel, janetriedel.de
Lektorat: Alexandra Schlüter
Bildredaktion: Janet Riedel
Illustrationen: Jia Meng 贾梦, http://lartdejiameng.blogspot.fr
Karten: Glenn Vincent Kraft
Kalligrafien: Wei Aichen 魏爱臣
Cover: Esther Gonstalla; Glenn Vincent Kraft, Janet Riedel
Übersetzung der FAQs: Monika Rößiger
Schlussredaktion: Katharina Harde-Tinnefeld
Herstellung: G+J Druckzentrale Heiko Belitz (Ltg.), Thomas Oehmke, Stephanie Jaeschke
Litho: Peter Becker Medien, Würzburg
Druck: Offizin Andersen Nexö, Leipzig
Printed in Germany
ISBN 978-3-86690-271-8

Bildnachweis: S. 2 (Nr. 3), S. 7 (Nr. 41, 42) Ruben Rehage, S. 157 Zhu Hui 朱辉
Bildunterschrift S. 8: Selbstporträt auf der Pagode des Wangu-Tempels in Shanxi

Die National Geographic Society, eine der größten gemeinnützigen wissenschaftlichen Vereinigungen der Welt, wurde 1888 gegründet, um «die geographischen Kenntnisse zu mehren und zu verbreiten». Sie unterstützt die Erforschung und Erhaltung von Lebensräumen sowie Forschungs- und Bildungsprogramme. Ihre weltweit mehr als neun Millionen Mitglieder erhalten monatlich das NATIONAL GEOGRAPHIC-Magazin, in dem namhafte Fotografen ihre Bilder veröffentlichen und renommierte Autoren aus nahezu allen Wissensgebieten der Welt berichten. Ihr Ziel: *inspiring people to care about the planet,* Menschen zu inspirieren, sich für ihren Planeten einzusetzen.
Die National Geographic Society informiert nicht nur durch das Magazin, sondern auch durch Bücher, Fernsehprogramme und DVDs. Falls Sie mehr über NATIONAL GEOGRAPHIC wissen wollen, besuchen Sie unsere Website unter www.nationalgeographic.de.
